1,50

Le secret de la sérénité

Données de catalogage avant publication (Canada)

Gaboury, Placide

Le secret de la sérénité

(Collection Spiritualité)

ISBN 2-7640-0496-6

1. Bonheur. 2. Tranquillité d'esprit. 3. Réalisation de soi.
I. Titre. II. Collection.

BF575.H27G28 2001 152.4'2 C2001-940676-2

LES ÉDITIONS QUEBECOR
7, chemin Bates
Outremont (Québec)
H2V 1A6
Tél.: (514) 270-1746

Bibliothèque nationale du Québec
Bibliothèque nationale du Canada
ISBN: 2-7640-0496-6

Éditeur: Jacques Simard
Coordonnatrice de la production: Claire Morasse
Conception de la couverture: Bernard Langlois
Illustration de la couverture: EyeWire
Infographie: Transaction montage

Nous reconnaissons l'aide financière du gouvernement du Canada par l'entremise du Programme d'Aide au Développement de l'Industrie de l'Édition pour nos activités d'édition.

Gouvernement du Québec – Programme de crédit d'impôt pour l'édition de livres – Gestion SODEC.

Placide
Gaboury

Le secret de la sérénité

Ouvrages de Placide Gaboury

L'art et les hommes (CAP, Ottawa, 1967)
Matière et structure: réflexion sur l'œuvre d'art (DDB, Bruges, 1967)
L'homme inchangé (HMH, 1972)
Louis Dantin et la critique d'identification (HMH, 1973)
Les voies du possible (Ferron, 1975)
Le voyage intérieur (de Mortagne, 1979)
L'homme qui commence (de Mortagne, 1981)
Une religion sans murs (Minos, 1983)
Un torrent de silence (de Mortagne, 1985)
Pensées pour les jours ordinaires (de Mortagne, 1986)
Une voie qui coule comme l'eau (de Mortagne, 1986)
La grande rencontre (de Mortagne, 1987)
Messages pour le vrai monde (de Mortagne, 1987)
Rentrer chez soi (de Mortagne, 1988)
Les chemins de l'amour (de Mortagne, 1989)
Le grand congé (de Mortagne, 1990)
Le karma de nos vies (de Mortagne, 1990)
Mûrir ou Comment traverser le nouvel âge sans se perdre (Libre Expression, 1990)
Renaître de ses cendres (Libre Expression, 1991)
Une voie qui demeure (Libre Expression, 1992)
Vivre imparfait (de Mortagne, 1993)
Servir la vie (de Mortagne, 1995)
Éduquer avec son cœur (de Mortagne, 1996)
Je n'ai droit à rien (de Mortagne, 1996)
Sérénité (de Mortagne, 1996)
Pour arrêter de souffrir (Édimag, 1997)
Le besoin de fuir (Édimag, 1998)
La réincarnation (Édimag, 1999)
La fidélité à soi (Quebecor, 1999)
Agenda de la spiritualité (Éd. de l'Homme, 1999)
L'envoûtement des croyances (Quebecor, 2000)
Vivre sans plafond (Quebecor, 2001)
Le livre de l'âme (Quebecor, 2001)

INTRODUCTION

On ne peut rien enseigner aux autres,
on ne peut que les aider à le découvrir en eux-mêmes.

Galilée

Tout le monde sait ce qu'est une personne sereine, même ceux qui ne connaissent pas eux-mêmes la sérénité et qui ne sauraient aucunement la définir.

Pour bien des gens, être soi-même quelqu'un de serein peut paraître sans intérêt, trop fade et trop faible. Pourtant, qui n'apprécierait pas avoir un esprit plus clair, être à la fois plus tranquille et plus joyeux? Eh bien, ce sont là justement les trois composantes de la sérénité, qui signifie en latin «clarté, tranquillité et joie».

Et à quoi sert-il d'être serein? Eh bien, cela permet de souffrir moins, d'être plus créatif et plus libre. Ce n'est donc pas négligeable! Mais il faut des conditions pour qu'émerge ou germe la sérénité.

La sérénité n'est pas le fruit de l'effort, du calcul intellectuel ou d'une technique quelconque. En fait, chacun peut devenir un peu plus serein à mesure qu'il mûrit, à condition qu'il apprenne à voir en lui les attitudes et les réactions qui ne reflètent ni la clarté, ni la tranquillité, ni la joie – en somme, tout ce qui l'empêche d'être serein.

C'est justement pour aider ceux qui veulent accéder petit à petit à un état de paix, de force et de lumière intérieure que j'écris ce livre. En procédant par touches et suggestions, le texte nous mènera à travers divers aspects de la sérénité, différents obstacles qui s'y opposent, et nous fera connaître plusieurs activités qui peuvent susciter en nous plus de détente, plus d'abandon, plus de détachement et plus d'humour.

Toutefois, il ne faudrait pas penser que ce livre peut en soi apporter la sérénité. Rien ni personne ne peut faire cela. C'est plutôt le résultat à la fois de l'expérience, de l'attention et de la maturité émotive. Comme le disait Galilée, «on ne peut rien enseigner aux autres, on ne peut que les aider à le découvrir en eux-mêmes».

Je ne crois pas par ailleurs que l'on puisse être serein au début de la vie ni même au milieu. Certes, on peut en connaître un trait ou l'autre à un moment ou l'autre, mais pas de façon continuelle ni profonde. Ce n'est vraisemblablement qu'à un âge plus avancé, en pleine maturité, que l'on peut commencer à se regarder plus sereinement et à voir la vie, les êtres et les événements d'un œil plus clair, plus joyeux et plus tranquille. Mais cela n'empêche pas de semer dès maintenant.

Chapitre 1

LA TRANQUILLITÉ

Choses à faire aujourd'hui: inspirer, expirer, inspirer. Ah!
Jack Kornfield[1]

Une époque de loisirs?

Dans les années 1970, on nous avait promis un avenir de loisir. Les heures de travail seraient réduites de façon remarquable et continueraient de diminuer avec les années, laissant à chacun beaucoup de temps pour la relaxation et le jeu, pour les plaisirs de la vie, quoi! Mais ce n'est pas arrivé. C'est l'inverse qui s'est produit: on nous donne plus de travail sans nous payer davantage, et le temps du repos et du repas est réduit presque à zéro. On veut nous faire sentir que la vie est un état d'urgence. On est déjà loin des deux heures traditionnelles accordées au repas du midi européen! Dans nos sociétés nord-américaines, tout le monde vit compressé, tassé, rogné de partout.

> «Selon une enquête Harris, le temps du loisir de l'Américain moyen a été réduit de 17 % depuis 1973. Durant la même période, la semaine moyenne de travail, incluant les déplacements, est passée à 47 heures, et dans certains cas à 80 heures/semaine[2].»

Un régime de mégacontrôle?

Non, ce n'est décidément pas une ère de loisir que l'on a créée, mais un régime soumis à un seul diktat: faire toujours plus d'argent sur le dos des autres. Si bien que les employés sont affamés de moments où ils pourraient, sans se presser, regarder les gens défiler sur la rue en buvant leur café avec un ami, ou être témoin de la première verdure printanière et de la première étoile du soir, ou encore se laisser chauffer près du feu en écoutant leur musique préférée, sans égards pour les échéances et les surveillances. Il n'est plus permis de manquer son bus ou son métro. Nous sommes perçus comme les dents d'engrenage d'une monstrueuse machine à sous.

Prendre son temps ou le perdre?

Dans une société aussi obsédée par l'appât du gain, l'idée de prendre son temps et de passer avant la machine est considérée comme un scandale, je dirais même comme un sacrilège. Car plus que toutes les sociétés de naguère, la nôtre a fait du gain un absolu, un dieu. Cette nouvelle religion galvanise toutes les entreprises, elle embauche tous les apôtres de la mondialisation, elle infiltre toutes les mafias et tous les gouvernements progressistes.

Et voici le nouveau commandement de ce dieu qui a toujours été adoré, mais jamais avec des moyens aussi tentaculaires et irrésistibles qu'aujourd'hui: LE BIEN EST CE QUI RAPPORTE; LE MAL, CE QUI, EN NE RAPPORTANT PAS, EMPÊCHE LE BIEN*.

Pourtant, chacun sait par expérience que passer un moment tranquille, c'est loin d'être un caprice, que c'est même une exigence

* Doctrine qui, bien sûr, faisait déjà partie des systèmes religieux, mais tenue secrète et inavouée.

de la vie, comme de la santé mentale et physique. Cela est aussi fondamental que respirer. En effet, s'il faut inspirer – se nourrir, recevoir, ingérer –, il faut également expirer – se vider, se nettoyer, changer de lieu, d'idée et d'habitude. Autrement dit, pour rester en équilibre, il faut à la fois l'action et le repos. Même le simple fait de marcher implique les deux, puisqu'en plaçant le pied droit devant soi, le pied gauche se repose.

La tranquillité est créative

Si l'on vit en surface, tiraillé et distrait, on ne voit la productivité que dans l'action effrénée. C'est là justement un des dogmes imposés à la conscience populaire par les grandes entreprises, puisque elles-mêmes ne jurent que par la production, qui amène plus de profit, qui à son tour écrase le compétiteur.

Un regard tant soit peu *ralenti* nous montrera que c'est dans la tranquillité que l'esprit peut être le plus créatif. Lorsqu'on laisse la pensée s'envoler, en buvant son café du matin, que l'on se laisse gagner par le paysage pendant sa marche quotidienne, l'âme retrouve sa vigueur, ses inspirations, son goût de réaliser. Ses idées sont claires; son inventivité, très présente.

Aux alentours de 1850, Elias Home inventa la machine à coudre. Un jour, alors qu'il travaillait à son projet, il connut un moment de frustration. Il décida alors de prendre un congé et de ne plus y penser. Il s'assit donc près de la fenêtre de son atelier et se mit à rêvasser. Plus tard, il racontera à sa femme son rêve: «Pendant que mon esprit divaguait, je vis une scène remarquable. J'étais au milieu d'une jungle profonde et j'avais été capturé par des cannibales. Je cuisais dans un grand chaudron noir. Un guerrier, le nez transpercé d'une tige d'ivoire, s'approcha en brandissant sa lance, prêt à m'abattre. Au même moment, j'aperçus quelque chose de très étrange. L'extrémité de sa lance était percée. Puis, je me réveillai.» Or, ce qui fait la nouveauté de la machine à coudre mécanique, c'est justement que l'aiguille soit percée à son extrémité. Cette invention n'était pas accessible à l'intellect calculateur, elle devait surgir de la source créatrice, de cette zone de tranquillité et de clarté intérieures.

La créativité s'allume en effet lorsque l'esprit est tranquille et que le corps ne s'agite pas. Ce qui apparaît à l'extérieur comme un moment creux, une perte de temps, regorge de semences et de possibilités. Du reste, la nature nous en donne l'exemple: l'hiver n'est pas la mort de l'arbre, mais la préparation de son renouvellement. C'est derrière les bourgeons et les écorces que se mijote en silence la floraison du printemps. Ce qui est visible est trompeur. Aussi, chez les humains, ce qui a l'air très engagé, très affairé, n'est pas nécessairement signe de créativité: cela peut être simplement de l'agitation, de l'énervement, «beaucoup de bruit pour rien».

Une question de respiration

Le fait de ne rien faire, de se tenir tranquille, cela ressemble aussi au silence dans une pièce de musique: les notes qui précèdent et qui suivent le silence ont besoin de cette pause pour respirer, reprendre vie, créer un sens. Nous non plus ne pouvons rester en vie sans reprendre sans cesse notre souffle et entre chaque respiration, il y a un très bref moment où il ne se passe rien, où il y a un vide qui est pourtant plein de promesses. L'estomac a également besoin qu'on le laisse tranquille, ce qu'il devrait connaître la nuit, si l'on savait manger moins le soir ou, du moins, à un moment suffisamment éloigné du sommeil; il a besoin de la nuit pour refaire ses sucs.

C'est comme dans une conversation: il y a un temps pour se taire et un autre pour parler. Parler sans cesse ou en même temps que l'autre ne laisse pas à l'esprit le temps de se retrouver, de reprendre ses sens, de réfléchir. D'autant plus que c'est très désagréable pour l'autre. C'est alors qu'on se perd dans les mots. Pourtant, lorsqu'on rencontre quelqu'un, c'est tout d'abord pour que chacun puisse vraiment se retrouver soi-même. Cela seul permet de véritablement rencontrer l'autre tel qu'il est, et de créer ensemble un moment de plénitude.

Comme on peut atteindre la tranquillité dans le silence, dans la musique, dans la respiration ou la conversation, on peut aussi la trouver dans la maladie. Cela aussi peut être un moment créatif: «Jour après jour, comme j'étais au lit à cause de mon arrêt forcé, j'ai pensé profondément à qui j'étais, d'où je venais et ce que je voulais devenir. Ce que j'avais perdu en mobilité physique, je l'avais retrouvé en intuition, en perspective, qui sont d'autres formes d'énergie. J'ai appris que la vie intérieure était aussi comblante que la vie extérieure, et que mes plus riches moments m'étaient venus lorsque j'étais absolument tranquille[3].»

Une société tombée sur la tête?

Peut-être nous faudra-t-il, en tant que société et en tant qu'individus, réviser nos valeurs et même les renverser. Peut-être faudra-t-il donner la priorité non à ce qui rapporte mais à ce qui comble, à ce qui enrichit l'âme, à ce qui nous aide à retrouver notre créativité.

Non pas à ce qui nous donne raison sur les autres, mais à ce qui a pour nous du sens.

Ce sont les petits moments d'ouverture paisible à la vie qui lui donneraient sa beauté et sa grandeur. Ce sont du reste ceux-là que l'on évoquera en examinant son passé, lorsqu'on prendra de l'âge. Ce n'est pas l'importance apparente de telle action ou de telle situation qui compte, mais l'intensité avec laquelle on la vit. Or, l'intensité est affaire non de quantité – comme le serait l'argent – mais de qualité – comme la vie, la paix et l'amour.

Il y a trois siècles, Blaise Pascal écrivait: «Le malheur des hommes vient d'une seule chose, qui est de ne savoir pas demeurer assis tranquille dans une chambre. De là vient qu'ils aiment tant le bruit et le remuement. De là vient également que le plaisir de la solitude est vu comme une chose incompréhensible. [...] Rien n'est aussi insupportable à un être humain que d'être seul en silence et sans distraction[4].»

Notes

1. Jack Kornfield, *After the Ecstasy, the Laundry,* New York, Bantam Books, 2000.
2. David Kundtz, *Everyday Serenity*, Berkeley, Conari Press, 2000, p. 6.
3. *Id.*, p. 93.
4. Blaise Pascal, *Pensées*, n°s 168 et 205.

Chapitre 2

LE SILENCE

De là vient que les hommes aiment tant le bruit et le remuement.
Pascal

La vie est toujours en train de battre, mais on ne l'entend que dans le silence – comme les étoiles ne sont visibles que la nuit, alors qu'elles brillent constamment.

Un survêtement de bruit

Nous sommes insidieusement noyés dans une mer de bruit, surtout à l'approche des centres urbains. L'individu qui vit en ville (et le campagnard qui tend à lui ressembler de plus en plus)

- s'éveille le matin avec la radio;
- se rend au bureau en voiture sur fond de cassette ou de CD;
- est assailli dans l'ascenseur par les secrétions mielleuses de Musac;
- doit, en répondant à ses appels, filtrer un barrage de bavardages;
- est encore assailli par le *juke-box* lorsqu'il va prendre un verre;
- se rend aux toilettes au son de la techno;
- rentre chez lui, affronté par une télé déchaînée;
- utilise un appareil qui produit un «bruit blanc» puisqu'il ne peut s'endormir dans le silence.

À force de tolérer le bruit, on a appris à ne plus tolérer le silence.

Le silence est devenu simplement une absence de bruit: il n'a plus d'âme en lui-même. Il est comme une coquille vide. Cela rappelle la définition de la paix: l'absence de guerre.

Et comme en ville, on ne sait guère tolérer le silence, on dit beaucoup de mots pour l'empêcher d'apparaître. Certains citadins deviendront même nerveux à la campagne si aucun bruit ne vient couvrir le silence. Même le chant des grillons, des abeilles, des tourterelles, des bêtes de ferme, du ruisseau et du vent leur paraît trop tranquille. Du reste, comme les habitants de la campagne parlent naturellement moins, du fait qu'on y est plus intégré à la nature, il leur faut, pour rompre le silence, avoir quelque chose à dire. En revanche, l'habitude citadine de nous entourer d'un survêtement de bruit fait que nous sommes devenus imperméables au silence: on tient celui-ci à distance, comme un animal menaçant. On se sent trop nu dans le silence.

Si au moins on écoutait la radio et la télé que l'on fait fonctionner! Non seulement on ne les écoute pas, mais on les entend à peine. Au fond, l'environnement sonore ne sert qu'à divertir, qu'à étourdir; il permet de ne pas se regarder, de ne pas être présent à soi. Car le silence est un miroir. On fait donc tout pour ne pas être conscient de ce qu'il renvoie. On préfère le voir simplement comme un manque, une absence, un vide sans autre signification.

Mensonge et transparence

En effet, le bruit entretient le mensonge et l'illusion, alors que le silence nous révèle à nous-mêmes. Si donc le silence est si difficile à trouver, ne serait-ce pas parce que l'on ne veut pas de lui, qu'il nous rappelle trop notre peine, notre trouble, notre manque?

Si nous arrivons à nous accepter un tant soit peu, le silence aussi va commencer à nous apparaître plus acceptable, moins hostile. Petit à petit, nous nous apercevrons que c'est dans le silence que la vie peut retrouver son sens. Il nous débarrasse des fritures et des fils d'araignée. Il permet de se rendre compte de la direction suivie et de celle qu'il faudrait désormais prendre. Il clarifie le paysage et notre place dans l'ensemble. Il nous laisse examiner qui nous sommes. Le silence n'est-il pas le langage de l'âme comme de tout ce qui vit?

Or, l'âme ne s'exprime pas avec des mots, elle suggère par traits vifs, par intuitions, par flashs, par les tendances et les goûts. Rien n'est dit et cependant tout est *entendu*.

Et si l'on peut passer des moments de silence avec un être proche, c'est surtout quand on est seul que l'on peut goûter le silence le plus riche. Curieusement, on ne se sent pas du tout seul alors, car dans le silence complet, on ne pense plus à soi-même. On ne pense plus, justement. On est concentré sur le papillon qui vient de se poser, sur la toile où l'araignée se tient aux aguets, sur le nuage qui s'avance avec la lenteur d'un grand navire. Dans le silence, on devient un avec la vie des choses. On n'est plus divisé. Jamais on n'aura été autant dans la vie – en vie.

Chapitre 3

LE MOMENT

L'habitude d'être ailleurs

La paix intérieure dépend, dans une large mesure, de notre capacité de vivre dans le moment présent. Or, nous sommes devenus si habitués à vivre dans une projection, dans une fuite chronique, qu'il nous semble manquer quelque chose d'essentiel lorsque la journée se passe ici et maintenant. Bien sûr, on se dit «qu'un jour» ça ira mieux, «qu'un jour» on aura réglé le problème, «qu'un jour» on n'aura plus de soucis. Mais ce jour n'arrive jamais puisqu'on le remet sans cesse comme la ligne d'horizon qui s'éloigne toujours à mesure qu'on s'en approche.

«La vie, disait John Lennon, est ce qui arrive pendant qu'on est occupé à faire d'autres projets.» Et pendant qu'on est ainsi absent, en train d'imaginer d'autres plans, les enfants grandissent, les gens que nous aimons déménagent et changent, nos corps se déforment et nos rêves se dissipent. Autrement dit, nous passons notre vie à ne pas la vivre, comme si nous marchions à côté de notre vélo plutôt que de l'enfourcher tout bonnement.

Nous nous demandons ensuite, étonnés: «Mais qu'ai-je fait de ma vie? Il me semble que ça n'a duré que le temps d'un clin d'œil.» Ainsi, la plupart d'entre nous vivons notre vie «en attendant»... autre chose. Pourtant, l'instant qui passe n'est pas une préparation à des événements à venir. Ce n'est pas une scène qu'on répète en vue d'une grande représentation – une première – devant le public, et qui seule compterait vraiment. On ne vit pas pour décrocher une médaille ou pour atteindre la gloire. L'instant n'a pas d'autre but que d'être vécu, tout simplement.

Vivre de regrets

Vivre «en attendant», c'est vivre du bout des doigts, sur la pointe des pieds, par procuration, *in absentia.* C'est certainement chose difficile que d'arriver à vivre au présent et l'un des signes que nous n'avons pas vécu, c'est le regret que nous exprimons de ne pas avoir fait telle et telle chose, de n'avoir pas expérimenté, goûté, regardé, aimé.

Nous passons une bonne partie de notre vie à arriver au moment présent.

Si c'était à recommencer, je parlerais moins et j'écouterais davantage.

Pendant les neuf mois de ma grossesse, au lieu de compter les jours et de m'inquiéter de mon tour de taille, je savourerais chaque seconde de cette période unique...

Je recevrais mes amis à dîner même si le tapis est taché et le divan un peu défoncé.

Je grignoterais du maïs soufflé au salon et j'allumerais un feu de foyer sans me soucier de la saleté.

Je prendrais le temps d'écouter mon grand-père parler du bon vieux temps et de sa jeunesse.

Je jouerais dans l'herbe avec mes enfants, et tant pis pour les taches vertes sur ma robe!

Je verserais moins de larmes sur le sort des héros de romans et plus sur les déshérités de la terre.

Je vivrais moins des exploits des comédiens et plus des drôleries de la vie quotidienne.

Je n'achèterais jamais rien pour la seule raison que c'est pratique, infroissable et garanti pour la vie.

Si mon enfant se précipitait vers moi pour m'embrasser, je ne l'arrêterais pas en lui disant: «Va vite te laver d'abord.»

Et surtout, si une autre vie m'était donnée, je profiterais à fond de chaque minute, je la presserais comme un citron pour en extraire la moindre goutte.

Erma Bombeck

Mais qu'est-ce qui nous empêche de faire tout cela maintenant, immédiatement, en ce jour même? Car rien n'a jamais existé hors du présent. Et tout peut être récupéré, sauvé, engrangé, si l'on accepte de vivre ce moment présent qui contient tout le passé, même quand on ne s'en rend pas compte.

Si vous voulez rester dans la souffrance, l'inquiétude et la peur, alors vivez dans le passé et l'avenir. En revanche, si vous voulez retrouver la paix, restez au présent, là où se trouve votre corps, là où se trouvent votre action et votre responsabilité. Vivre au passé, c'est vivre de regrets et vivre d'avenir, c'est vivre d'attente: dans les deux cas, on vit dans l'irréel. Et l'irréel, s'il est fort agréable, fait aussi très mal quand on débouche sur le plan réel.

Le corps ramène au présent

Lorsqu'on est totalement absorbé dans l'instant, à la façon des enfants – en lavant la vaisselle, en mangeant, en faisant l'amour, en jouant avec son enfant dans la neige ou dans l'eau, en écoutant de la musique, en se promenant en forêt, en prenant une douche ou un bain chaud –, on connaît un moment d'harmonie, de bien-être. Le corps demeure toujours dans le présent, c'est la pensée qui s'en éloigne et qui, ce faisant, crée l'inquiétude et le regret.

L'avenir n'est qu'un écran de projection, il est nécessaire pour savoir où on s'en va. Mais c'est au présent qu'on le considère: il existe en fonction du présent et par celui-ci. Quant au passé, il est utile dans la mesure où l'on en tire des leçons, par exemple ce qu'il ne faut pas faire, ce qui a réussi, le fait que les vrais bonheurs sont toujours simples et qu'il faut savoir reconnaître les manipulateurs et savoir leur dire non, etc.

> Le passé est comme le sac à dos que chacun porte et qui contient des leçons de vie. Si on profite de ces leçons, le passé – le sac à dos – s'avère utile. Sinon, c'est un poids inutile.

Faire une chose à la fois

«Nous commençons à être conscients au moment présent en faisant une chose à la fois, écrivait Ram Dass. Lorsque vous buvez de la bière, buvez-la. Lorsque vous lisez le journal, lisez-le. Tout ce que nous entreprenons peut ainsi être fait avec attention, sans fuite en avant ou en arrière. Cela nous donne une merveilleuse liberté. Mais cela ne signifie pas qu'il ne faut pas porter une montre, suivre un programme ou faire des plans pour la journée de demain; il s'agit plutôt d'être complètement attentif à chaque activité que l'on commence[1].»

Ram Dass poursuit en disant: «Une fois, j'ai fait une retraite de trois mois en Birmanie. On me donna une chambrette sans livre ni papier, sans personne avec qui parler, et sans rien à faire. Deux heures plus tard, je pensais "Je m'ennuie déjà". Mais plutôt que de repousser cette réalité ou d'en tirer une conclusion comme "Il faut me sortir d'ici", j'ai décidé d'examiner cet ennui de plus près. "Comment se sent-on? Quelle est la forme de l'ennui? Cela est-il en mouvement ou statique?" Plus je posais de questions à partir de la perspective de l'âme, plus l'ennui prenait de l'intérêt à l'égal de toute autre sorte d'expérience. Je m'apercevais que l'ennui était simplement une idée vide. Cela m'a permis de voir combien le moment présent pouvait être riche et plein. Tout ce qu'il faut, c'est de l'attention[2].»

Hier soir pendant que j'étais endormi

Je rêvais…

– Ô merveilleuse méprise! –

Il y avait une ruche cachée ici dans mon cœur

Et les abeilles d'or créaient des alvéoles

Et un miel doux

De toutes mes défaites.

Machado de Assis

Notes

1. Ram Dass, *Still Here*, New York, Riverhead Books, 2000, p. 135.

2. *Id.*, p. 137.

Chapitre 4

LA PERFECTION

Vous voulez améliorer le monde?
Je ne pense pas que ce soit possible.
Tao Te King

La beauté de la truie

«Il est souvent nécessaire de rappeler à une créature sa beauté. C'est ainsi qu'un jour François d'Assise, qui aimait beaucoup les animaux, posa sa main sur le front ridé de la truie, et là, il s'est mis à la bénir par ses paroles et son toucher, répandant sur elle toutes les faveurs de la terre. Alors, avec un grognement satisfait et d'un clin d'œil amusé, la truie se mit à se trémousser de long en large, célébrant sa généreuse corpulence, qui avançait en dodelinant depuis son groin rose, en passant par ses flancs humides de boue, sa double rangée de tétines dodues, jusqu'à la spirale spirituelle de sa queue. Elle était complètement satisfaite et reconnaissante à la vie d'être une belle et resplendissante truie[1]!»

Les biscuits parfaits

«Quand j'ai commencé à faire de la cuisine à Tassajara, j'avais un problème. Je n'arrivais pas à faire mes biscuits comme il le fallait. Je suivais une recette, j'essayais des variations, mais rien n'y faisait: ces biscuits étaient toujours ratés.

«C'était plus facile quand j'étais petit. Je faisais deux sortes de biscuits, ceux qui viennent de la compagnie Bisquick et les autres de la compagnie Pillsbury (avec le petit bonhomme qui ricane quand on lui met le doigt sur le bedon). Dans le premier cas, on ajoute du lait au mélange préfabriqué, pour ensuite laisser tomber la pâte dans la poêle – il n'est même pas nécessaire de la tasser au rouleau. Ceux de Pillsbury arrivaient dans une cannette cartonnée. En cognant la cannette au coin du comptoir, son contenu en émergeait lentement. On faisait ensuite des tranches de cette pâte, puis on les mettait au four.

«Je me disais donc: "Ce goût-là, n'est-ce pas celui que les biscuits devraient avoir? Alors que ceux que je fais maintenant sont bien loin du compte." C'est en effet étonnant les idées qu'on se fait du goût que devrait avoir un biscuit, ou encore de quoi devrait avoir l'air une vie. Mais comparés à quoi? Aux biscuits préfabriqués de Pillsbury? À l'idéal scout? Bien sûr, ceux qui goûtaient à mes biscuits ne tarissaient pas d'éloges à leur sujet, ils en prenaient sans arrêt, et pourtant, ces biscuits-là n'étaient pas ceux à quoi je rêvais.

«Puis, un jour, quelque chose est arrivé, une sorte d'ouverture. Je me disais: "À quoi je les compare au juste pour dire qu'ils ne sont pas bien? Ma foi, je me prenais pour l'émule de Pillsbury!" Puis, vint le moment de m'attarder vraiment au goût de mes biscuits sans aucune comparaison avec ceux qui existaient ou pouvaient exister dans ma tête. Eh bien: ils étaient granuleux, avec un goût de beurre, ensoleillés, terreux, réels – incomparablement en vie et beaucoup plus satisfaisants que les *souvenirs* des biscuits d'autrefois, ou que *l'image projetée* des biscuits possibles et imaginaires.

«Ces moments peuvent vraiment nous saisir d'étonnement et nous libérer, en pensant que notre vie telle qu'elle est est parfaite merci! Seule la comparaison insidieuse avec un produit préfabriqué – un modèle sans vie – donnera l'impression qu'elle est inadéquate et bien imparfaite.

«Tenter de produire un biscuit – de vivre une vie – sans salir ses bols, sans sentiments plus ou moins propres, sans déprime, sans colère, sans frustration, sans excès ou manque de chaleur, c'est simplement impossible, ce n'est pas la vie que l'on mange vraiment et quotidiennement. La vie réelle est tellement plus complexe, avec tellement plus de facettes et de mystère.

«Les modèles de vie parfaite qu'on nous a servis et que nous tentions d'émuler nous forçaient à agir comme si c'était vrai, en cachant les fautes, en montrant des vertus de façade. On connaissait l'homme parfait selon Pillsbury ou Bisquick, sans défaut, sans faiblesse, sans souffrance. On croyait qu'il fallait apparaître calmes, joyeux, légers, énergétiques, profonds. "Le produit paraît bien."

«Nous avons tous essayé cela: bien paraître comme parent, mari, femme, patron. Nous avons tous visé la perfection: les biscuits préfabriqués, sans défaut, au goût prévisible, éternellement conformes au même modèle.

«Au diable le biscuit parfait! Venez dans ma cuisine et sentez l'odeur du bon café que je viens de verser. Et que diriez-vous d'un biscuit fait maison dans ma propre cuisine[2]?»

Le tailleur de pierre insatisfait

Il était une fois un tailleur de pierre qui en avait assez de s'épuiser à creuser la montagne sous le soleil brûlant. Il se mit à se plaindre: «Que c'est éreintant avec ce soleil! J'aimerais donc être à sa place, je serais là-haut, je serais tout-puissant...» Son appel fut entendu, et il devint le soleil. Il eut grand plaisir à régner là-haut, à répandre ses rayons, mais il s'aperçut très vite que ceux-ci étaient bloqués par les nuages. «À quoi sert d'avoir toute cette lumière et cette chaleur à donner si les nuages peuvent les arrêter?» Et son désir d'être à la place des nuages se réalisa. Il survola le monde, répandit la pluie et l'ombre. Mais il finit par être dispersé par le vent. Devenu celui-ci, il souffla des bourrasques, des tempêtes, des ouragans. Mais la montagne lui barrait le chemin. Il se transforma donc en montagne, mais malgré sa majestueuse solidité, il sentit quelque chose qui le frappait, quelque chose de fort qui le grugeait de l'intérieur. C'était un petit tailleur de pierre! (conte hébreu)

* * *

Veut-on absolument changer le monde et l'améliorer? Mais pourquoi ne pas plutôt changer notre façon de le regarder? Car alors, c'est ce que l'on regarde qui est changé!

Notes

1. Gadway Kinwell, *in* Jack Kornfield, *After the Ecstasy, the Laundry*, New York, Bantam Books, 2000, p. 179.
2. Espe Brown, *Recettes de pain Tassajara;* l'italique est de moi.

Chapitre 5

LA PATIENCE

La patience et l'espérance

C'est quoi, la patience? La patience, c'est la capacité de rester dans le moment présent, sans empiéter sur l'avenir.

Chacun de nous peut voir ce qu'est la patience en reconnaissant ses propres moments d'impatience. Par exemple, on s'aperçoit tout d'un coup qu'on ne laisse pas l'autre finir ses phrases sans intervenir. On n'accepte pas de «faire du sur-place» en attendant le métro, l'autobus, son partenaire de covoiturage ou la personne que l'on doit rencontrer. On regarde sa montre sans arrêt, on piétine comme un lion en cage, on jette un regard à gauche et à droite, on se voit déjà en retard au bureau, au rendez-vous galant, à l'interview décisive. On commence à suer abondamment...

L'impatience est comme l'espérance: c'est une fuite du présent, une usurpation de l'avenir. Et comme la vie n'existe qu'au présent, c'est fuir la vie qu'on est en train de vivre pour sauter dans un monde irréel, fictif, promis ou possible, sans même aucune garantie que la vie ira dans ce sens. Ce sont du reste les religions, convaincues de l'attente d'un sauveur et même fondées sur un espoir de récompense future, qui nourrissent l'imaginaire des gens. Elles empêchent toujours de vivre au présent en nous grisant de la promesse d'un bonheur qui recule avec l'horizon. Mais la vie n'est jamais future. Le futur est un concept, alors que la vie est tout sauf un concept.

Les impatients de la circulation

C'est surtout dans la conduite de leur auto que les gens montrent le plus d'impatience, qui se traduit aujourd'hui par «la rage au volant»:

«Je conduisais récemment d'Oakland à San Jose. Le trafic était dense mais fluide. Je remarquai un conducteur extrêmement agressif et pressé qui zigzaguait entre les voitures, accélérant, ralentissant, passant sans gêne et sans avis d'une voie à l'autre. Il était décidément impatient. Quant à moi, je demeurai dans la même voie pour presque tout le voyage de quelque 60 kilomètres. J'écoutais une nouvelle cassette et rêvassais de temps à autre. (Voyager m'est un plaisir du fait que ça me permet d'être seul.)

«Comme je quittais l'autoroute, le conducteur pressé s'approcha de mon véhicule et tenta de me doubler. Mais, sans m'en rendre compte, j'étais arrivé à San Jose avant lui. Tous ses louvoiements, ses accélérations brusques, ses manœuvres dangereuses ne lui avaient valu qu'une hausse de pression sanguine et beaucoup d'usure à son auto. En moyenne, nous avions voyagé à la même vitesse. Il avait conduit comme s'il avait eu un rendez-vous avec son lieu d'accident.

«N'est-il pas étonnant tout de même de constater que toutes les autos – celles qui filent, celles qui prennent leur temps – se retrouvent toujours ensemble au feu rouge?

«On pourrait en effet utiliser son temps de voyage sur l'autoroute pour se détendre. Cela n'est cependant possible que si l'on voit l'auto non seulement comme un moyen d'arriver quelque part, mais comme une occasion de rester au présent et de réfléchir. Écouter une musique apaisante ou une cassette de relaxation peut être de mise. Une fois arrivé à destination, on se retrouvera plus détendu qu'au départ. Et comme au cours de sa vie, on passera beaucoup de temps à conduire, on peut choisir de le faire dans l'impatience comme le chauffeur frustré ou dans la patience, en restant dans le paysage qui défile, au lieu d'être obsédé par le point d'arrivée. N'est-ce pas le voyage qui compte, plutôt que la destination[1]?»

Patience et désir

C'est connu: plus on est pressé, plus les feux rouges mettent du temps à passer au vert. Car c'est le désir intense d'arriver ou l'état relaxé qui déterminent la longueur ou la brièveté de l'attente. On a même l'impression que le fait de savoir qu'on sera en retard va ralentir le train!

Mais plus on accepte d'être là où l'on est, plus on s'aperçoit que le feu rouge n'est plus un obstacle, qu'il fait partie d'une danse de couleurs, du rythme de la vie, de la respiration du temps. Un temps de mouvement (vert), un temps d'arrêt (rouge), un temps fort, un temps faible, comme le battement de son cœur…

Note

1. Richard Carlson, Ph. D., *Don't Sweat the Small Stuff… and It's All Small Stuff*, New York, Hyperion, 1997, p. 141.

Chapitre 6

LA RICHESSE

On se souvient de l'histoire de Midas, ce roi du VIIIe siècle avant notre ère qui, selon la légende, aurait obtenu de l'oracle de Delphes la faveur d'accumuler sans fin sa richesse, au moyen du simple toucher. Mais cette faveur insigne – pouvoir changer en or tout ce qu'il touchait – devait causer sa perte, puisqu'il ne pouvait rien faire – manger, boire, se baigner, faire l'amour – sans que toutes choses touchées se transforment aussitôt en ce métal devenu pour lui plus qu'inutile: mortel.

Pour tous ceux qui sont aspirés par la ruée vers l'or, les choses prennent ainsi un seul visage, une seule couleur – même le bonheur. C'est aussi écœurant que si tout ce que l'on voulait manger se changeait en sucre.

L'an dernier à Boston, William Curry, un cuisinier de 37 ans, travaillait dans une cafétéria lorsqu'il décrocha 3,6 millions de dollars à la loterie de l'État, Megabucks. Marié et père de deux jeunes enfants, cet homme modeste devenu millionnaire d'un coup fut harcelé de partout par des gens qui lui suggéraient toutes sortes d'investissements. Ne pouvant en supporter davantage, il succomba deux semaines après. Il n'avait même pas eu le temps d'en profiter: il avait seulement acheté un petit chien à ses enfants.

Profiter de la vie, ce n'est pas du tout la même chose que faire profiter la vie. Pourquoi, en effet, passer notre vie à vouloir décrocher le gros lot si, pendant tout ce temps, cela nous empêche de jouir de la vie, d'être plus libres, d'apprécier les choses les plus simples? Le verre d'eau glacée est aussi bon et rafraîchissant pour le pauvre que pour le riche. Quand on a soif, que l'on soit pauvre ou riche, un verre d'eau fraîche est la meilleure boisson du monde. Un pur plaisir qui était inaccessible au roi Midas. On s'illusionne fermement si l'on croit que tout arrive à soi une fois que l'on a de l'argent.

De toute façon, aucun humain n'a besoin d'un million par année pour vivre!

Voici ce que l'argent permet d'acheter:

Un lit, non le sommeil.

Des livres, non l'intelligence.

De la nourriture, non l'appétit.

Des parures, non la beauté.

Une maison, non un foyer.

Des médicaments, non la santé.

Le luxe, non le raffinement.

La sécurité de la religion, non le salut.

Des distractions, non le bonheur.

Anonyme

Chapitre 7

LA JUSTESSE

L'autre jour, j'entendais deux dames parler à la table d'à côté: «Avec tout ce qu'elle endure déjà, elle n'avait surtout pas besoin de ça!», commentaient-elles en évoquant le sort d'une amie qui n'avait pas eu de «chance» et que la vie avait traitée «injustement».

La vie ne serait pas juste? Et si cela dépendait de la perspective à partir de laquelle on considère la situation? Qu'est-ce à dire? Il s'agit d'une façon d'apprécier et de juger selon deux critères: l'angle et la distance.

L'angle

On peut toujours se prendre en pitié en accusant les autres, l'usine, le gouvernement, les parents, la société, la police, le syndicat ou son conjoint, en se disant que la vie n'est pas censée être ainsi, qu'elle n'a pas le droit de nous traiter de cette façon ou que l'on mérite mieux que cela. On peut aussi se dire qu'un jour, la justice triomphera, que «mon cas sera entendu» et que les puissants seront terrassés. Celui qui se regarde le nombril trouve toujours qu'il souffre plus que les autres ou même qu'il est le seul à souffrir. C'est simplement une erreur de perspective.

La vie ne sera jamais différente de ce qu'elle est, et elle n'a pas à l'être. C'est moi qui peux seul changer ma façon de la regarder. Je peux *ajuster* mon angle d'approche et rendre ainsi ma vision plus *juste*.

La distance

L'autre erreur qui nous empêche de voir les choses avec justesse, c'est le manque de distance. En étant trop «collé dessus», on ne voit plus comme il faut l'objet, la situation ou la personne. «Trop collé» veut dire: engourdi par l'habitude, aveuglé par les préjugés, faussé par les attentes.

En effet, qui n'a pas découvert que l'éloignement permet de nettoyer son regard? On revient chez soi avec un nouveau point de vue. On retrouve avec plus d'ardeur et d'intérêt la personne aimée. Vivre trop collés empêche de voir l'autre, et même de se connaître. Il faut une certaine distance pour apprécier convenablement quelqu'un qui nous est très proche. Le fait de prendre congé de l'autre en se réservant un temps à soi et un espace privé permet d'avoir un regard plus juste, de s'ajuster, de se mettre au point. Et on ne peut vraiment aimer quelqu'un qu'avec des yeux nouveaux ou renouvelés. L'amour aussi est affaire de juste perspective.

Le point de vue de l'âme

Si, maintenant, on considère l'ensemble de sa vie comme cette personne que la distance transforme, on peut dire que la vie ne peut être pleinement comprise et appréciée à sa *juste* valeur que si on la perçoit d'un point de vue situé au-delà d'elle-même. Cela permet de voir l'ensemble – son sens, sa direction, son destin.

En voyant sa vie comme faisant partie de plusieurs vies qui se complètent, s'enrichissent et se renvoient la balle, on redonne à la vie présente sa juste place. En revanche, si l'on ne peut voir sa vie *at large* – avec ce qui la précède et lui succède –, on a peu de chances de trouver la vie juste ou même sensée.

Selon la façon commune de voir, les personnes qui sont persécutées, manipulées, dépourvues de talents et démunies financièrement sont perçues comme de simples victimes d'un destin implacable. Autrement dit, ce n'est pas du tout de leur faute: la vie est injuste, c'est un coup de dés.

Si, au contraire, on perçoit chacune de ces vies comme une pièce faisant partie d'un ensemble, alors la perspective entière s'en trouve changée. Ainsi, la vie paraît juste si l'on est conscient que l'on traverse diverses incarnations, au lieu de croire que l'on est limité à une seule vie sur terre. Lorsque l'on a l'assurance que chaque âme a choisi la vie qu'elle mène, qu'elle en a connu et en connaîtra plusieurs autres, qui ensemble lui permettront d'apprendre toutes sortes de leçons dont elle aura besoin, le paysage peut prendre des allures complètement différentes.

Avec une telle perspective, nos vies, dans leur ensemble, trouvent leur sens; tous ces incompréhensibles écarts entre misère et richesse, santé et maladie, faveurs et épreuves, dominants et dominés, que nous attribuons paresseusement à la chance, aux gènes ou aux ovnis, semblent alors justifiés.

Car si l'on existe avant de prendre un corps, de même qu'après l'avoir laissé, la perspective est tout autre – elle s'ajuste –, comme si d'un vaisseau spatial on voyait la terre dans son ensemble, c'est-à-dire comme une sphère, au lieu de la voir du point de vue d'une fourmi! Avant de venir sur terre, on choisirait telle famille, tel moment, tel tempérament, telle santé, tels rôles à jouer. Cela permettrait d'apprendre quelque chose de particulier, de vivre le contraire du passé, de réparer des abus, d'enrichir ses connaissances et ses expériences, et d'accéder à plus de sagesse. Une fois la vie vécue, l'âme considérera avec ses guides la façon plus ou moins réussie dont elle l'aura vécue.

Personne ici ne juge personne: chacun s'occupe de régler son propre bilan. On ne blâme pas non plus personne pour ce que l'on vit: on assume tout avec une pleine responsabilité. Et si le bilan n'est pas satisfaisant, on se prépare un autre programme pour l'améliorer; les choix étant effectués avec le concours de guides qui suivent avec sympathie notre parcours terrestre.

Eh bien, dans une semblable perspective, une vie perçue comme juste ne dépend plus du regard superficiel et mal informé des opinions à la mode. Car avec la perspective de l'âme, on voit les situations et les personnes de façon tout autre: comme des mots qui ne trouvent pleinement leur sens qu'à travers une phrase, c'est-à-dire en relation avec d'autres mots qu'ils transforment et par lesquels ils sont transformés, du seul fait d'être dans un contact unique et inédit.

La perspective de l'âme seule garantirait la justesse de nos critères. À tout prendre, ce n'est pas la vie qui serait ou ne serait pas juste, mais la façon de la regarder.

Chapitre 8

LA SIMPLICITÉ

Des témoignages tout simples

Voici plusieurs témoignages et suggestions qui pourraient nous aider à simplifier notre vie.

- «On m'enleva une grosse tumeur dans l'abdomen et avec cela est parti tout ce à quoi je m'étais attaché comme à des certitudes. Je cessai de travailler et d'enseigner. Je me tournai vers tout ce qui pourrait m'aider à changer ce qui avait conduit à ce cancer, depuis l'acupuncture jusqu'à la thérapie en profondeur. Je devins humble face au corps. Il y a de cela 15 ans et je peux maintenant dire que ça a été le point tournant capital, le plus grand moment d'éveil. J'avais utilisé le corps. Maintenant je devais l'habiter, le respecter, l'aimer avec toute la force féminine, la force nourricière et toute la compréhension que j'avais consacrées à la vie spirituelle en l'enlevant au corps. Je commençai alors à garder mon cœur dans mon corps, et il devint glorieux. Même les éveils spirituels n'arrivaient pas à la joie de vivre dans le corps, dans les sens, à chaque moment. J'aime ma vie d'une façon nouvelle. C'est devenu le lieu de la liberté[1].»

- «Pour traverser cette vie dans la légèreté et la souplesse, que votre bateau ne contienne que le nécessaire – un chez-soi modeste et des plaisirs simples, un ou deux amis qui en valent la peine, quelqu'un à aimer et qui vous aime, un chat, un chien, une ou deux pipes, assez de nourriture et de vêtements, et un peu plus que le nécessaire en boisson, la soif est une chose tellement dangereuse[2]!»

- «Comme plusieurs personnes de notre génération, mon mari et moi avions adhéré à la philosophie des années 1980: “Plus gros, c'est meilleur; plus encore, c'est encore mieux.” Nous avions la belle voiture américaine, une grande maison, la plupart des commodités et la plupart des jouets des jeunes cadres urbains. Ensuite, nous nous sommes graduellement rendu compte que, au lieu d'améliorer notre vie, plusieurs de ces choses la compliquaient bien plus que nous aurions voulu l'admettre. Nous savions depuis toujours qu'il ne valait pas la peine de concurrencer les voisins, mais il nous a fallu reconnaître que la seule chose qui nous soit venue du pouvoir, c'est une indigestion. Le temps était venu pour nous de quitter la voie rapide[3].»

Des vies plus simples

Quelques indices à considérer pour simplifier sa vie:

- Faire que les éléments de sa vie – maison, auto, vêtements, alimentation, finances – soient assez réduits en dimension, peu nombreux et assez simples pour que l'on puisse s'en charger soi-même, sans aide extérieure.

- Se libérer d'engagements publics et d'obligations qui empêchent de faire ce que l'on veut vraiment, c'est-à-dire cesser de poser des actes par simple devoir.

- Réduire l'ampleur du train de vie, tout en maintenant le confort.

- Se dépouiller des bijoux flamboyants.

- Tâcher de vivre près de son travail ou de travailler près de l'endroit où l'on vit.
- Acheter une voiture d'occasion.
- Regarder toute annonce de nouveautés ou de produits miracles d'un œil très critique.
- Ne pas faire un achat à moins d'y avoir mûrement réfléchi, en retardant le moment de l'achat autant que possible.
- Ne pas entrer dans un magasin d'alimentation le ventre vide.
- Ne pas foncer dans un magasin sans avoir prévu ce qu'on va y acheter: ne pas attendre d'être sur les lieux pour se décider.
- N'acheter que les choses payables à l'instant, avec l'argent en poche ou par paiement direct.
- Acheter davantage de vêtements qui se passent de nettoyage à sec, et choisir des pièces qui se marient entre elles.
- Se libérer du cellulaire et, si c'est vraiment obligatoire, se contenter d'un téléavertisseur.
- Se débarrasser des objets qui n'ont pas servi durant l'année, surtout les vêtements.
- Se débarrasser du gazon et le remplacer par des plantes vivaces et des fleurs.
- Si l'on veut avoir des animaux, garder ceux qui sont à poils courts et les laisser à l'intérieur.
- Cesser d'envoyer des cartes de Noël ou de faire des cadeaux aux fêtes déterminées par la société.

Les meilleures choses en cette vie sont gratuites. En faire moins peut signifier en avoir plus – plus de sérénité, plus de paix dans son âme. On délaisse ainsi la quantité – l'accumulation de choses inutiles – pour une qualité d'attention au présent, pour une plus grande intensité.

Notes

1. *In* Jack Kornfield, *After the Ecstasy, the Laundry*, New York, Bantam Books, 2000, p. 180.

2. Jerome K. Jerome, *in* Elaine St-James, *Simplifiy Your Life*, New York, Hyperion, 1994, p. 4.

3. *Id.*, p. 6.

Chapitre 9

L'HUMOUR

C'est probablement Norman Cousins, dans son livre *Anatomie d'une maladie*, qui a le mieux étudié les effets du rire et qui en a tiré les bienfaits les plus étonnants. Ce journaliste très connu, qui dirigeait la célèbre *Saturday Review*, souffrait d'une maladie dégénérative incurable, qui le laissait complètement démuni. Comme il ne trouvait de remède ou de répit à son mal dans aucun traitement médical, il décida de se guérir au moyen du rire.

Chaque soir, le journaliste allait se coucher en éclatant de rire après avoir lu un livre amusant ou visionné des films drôles, entre autres ceux de Chaplin, des Marx Brothers, de Laurel & Hardy et d'Abbott & Costello. Après six mois de ce rire intense, son médecin lui révéla qu'il était complètement guéri.

Cependant, comme cette guérison remarquable fut mal comprise du fait qu'elle était inédite, les chercheurs médicaux ne crurent pas pertinent de l'analyser. Mais le public, lui, s'y intéressa particulièrement, à tel point que la communauté médicale se trouva finalement forcée d'y regarder de plus près. Et, comme il fallait s'y attendre, ce fut un tel étonnement de voir quelqu'un guérir d'une maladie incurable sans aucune aide de la médecine, que l'on invita Norman Cousins à faire partie de la Faculté de médecine de l'Université de Berkeley!

On sait désormais que le rire n'est pas qu'un moment de distraction ou une fonction sans valeur ni importance, mais qu'il est une activité de l'âme avant d'être celle du corps et que c'est pour cela qu'il peut guérir ce dernier. Enfants, nous avons tous beaucoup ri, mais en grandissant, plusieurs d'entre nous se sont fait dire que c'était justement une activité infantile, qu'une personne sérieuse ne riait pas sauf quand elle avait bu. Ainsi, à mesure que le tourbillon de la vie nous a happés dans sa spirale, nous avons abandonné notre capacité naturelle de rire et de nous amuser simplement. Heureusement que le fait de rire, tout comme d'aller à vélo, ne se perd jamais complètement!

Aujourd'hui, la thérapie par le rire est une technique populaire, et on perçoit ses bienfaits sur plusieurs plans. Il n'est pas nécessaire de nous adresser à un thérapeute spécialisé dans le rire pour profiter de ce remède incomparable; il nous suffit de penser aux choses qui nous font rigoler – plaisanteries, histoires drôles, acteurs et films comiques, caricatures, bandes dessinées, chutes et actes manqués. Nous pouvons aussi nous procurer ou louer des films qui nous ont naguère amusés, pour les repasser dans les moments dépressifs, ou encore fréquenter de préférence les personnes qui nous font rire et nous énergisent, plutôt que les gens tristes qui grugent nos énergies.

Nous savons aujourd'hui que le rire diminue le stress, qu'il relâche les tensions et jette un baume sur le cœur triste et mécontent. Imaginez combien votre vie serait simplifiée si vous répondiez au stress par le rire, plutôt que par la frustration et la colère! Voici quelques exemples de situations drôles:

- «Le célèbre boxeur Mohammed Ali avait pris siège dans un avion. Juste avant le décollage, comme c'est la coutume, l'hôtesse demanda aux passagers d'ajuster leur ceinture. "Superman pas besoin de ceinture", répondit avec arrogance le boxeur. "Superman pas besoin d'avion non plus", répliqua avec aplomb l'hôtesse[1].»

- «En 1983, la princesse Diana était en visite dans le sud de l'Australie. Après avoir circulé un bout de temps au milieu de la foule, elle se dirigea vers un groupe d'enfants. Puis, elle passa plusieurs fois la main dans les cheveux embroussaillés d'un des petits, tout en lui demandant affectueusement pourquoi il n'était pas à l'école aujourd'hui. Ce à quoi il répondit: "On m'a renvoyé chez moi: j'ai la tête trop pleine de poux!"[2]»

- Victor Hugo: «Enfer chrétien, du feu. Enfer païen, du feu. Enfer mahométan, du feu. Enfer hindou, des flammes. À en croire les religions, Dieu serait né rôtisseur.» Ou pyromane?

- Un homme riche fait son testament: «Je lègue mes maisons de rapport et mes valeurs mobilières à mon cousin Paul. Ma maison de campagne ira à Clara, ma fidèle cuisinière. Quant à mon neveu Brutus, qui a toujours prétendu que la santé est plus importante que la richesse, je lui laisse mes chaussures de jogging.»

- La maîtresse de troisième tentait d'intéresser ses mousses à leur photo de classe: «Dites à vos parents qu'il vous faut 5 dollars vendredi. Dans plusieurs années, vous regarderez la photo en disant: «Ah, voilà Annie, devenue médecin, et Johnny devenu avocat.» Un garnement ajouta du fond de la classe: «Et voilà la maîtresse. Elle est morte!»

- «J'aime les porcs. Les chiens nous adulent, les chats nous méprisent, mais les porcs nous traitent comme des égaux.» (Winston Churchill)

- «Docteur, aidez-moi: mon mari pense être un poulet.»
  «Ah oui, eh bien, amenez-le que je le guérisse de son illusion.»
  «Je le ferais bien, docteur, mais on a besoin des œufs.»

- Un psychiatre rencontre un autre psychiatre dans le corridor. Le premier lui dit: «Bonjour.» Le second se dit: «Qu'est-ce qu'il a voulu dire par ça[3]?»

Notes

1. *New York Times*, 10 mars 2000, p. 7.
2. *Ibid.*
3. Art Samson, *Newspaper Enterprise Association*.

Chapitre 10

LE RALENTISSEMENT

Pour se rencontrer soi-même, il faut ralentir.

Nous sommes avalés par l'extérieur

Les activités qui nous happent de l'extérieur nous éloignent de ce que nous sommes, au point que nous devenons pour nous-mêmes des étrangers. (Comme si nous marchions à côté de notre vélo plutôt que de l'enfourcher.) Nous sommes, pour la plupart, avalés par le tourbillon du quotidien et même de la vie nocturne. Tout nous incite, nous oblige même, à aller toujours plus vite – les rendez-vous, les cellulaires, le réseau Internet, le transport des enfants à leurs activités, la course chez le coiffeur, le blanchisseur, le pompiste et l'épicier, la traversée des ponts, les compressions du budget, la banque qui écourte ses heures d'ouverture. On est comme une queue de veau ou un serpent qui se mord la queue!

L'espace pour respirer et se retrouver se raréfie comme l'ozone. L'exigence et la surveillance des patrons, l'obligation d'être surcompétitifs et surperformants, de produire toujours plus toujours plus vite, nous étourdissent au point qu'en rentrant chez nous, il n'y a plus un nerf du corps, un neurone du cerveau ou une émotion du cœur qui ne souffre d'*overdose*. À un moment donné, on n'en peut plus: il faut tout lâcher, reverser la vapeur et sortir. Tout de même pas pour s'enfermer dans un bar fumant, où on est assommé par le pilonnage de la musique; pas non plus dans la rue, où l'on est sollicité par mille pubs et assailli par des quémandeurs.

Retrouver ses sens

C'est vers la nature qu'il faut se diriger. Elle seule est guérisseuse et purifiante, elle seule pacifie du fait qu'elle nous permet de nous retrouver nous-mêmes, de rentrer de nouveau en contact avec ce que nous sommes vraiment.

Autant l'agitation qui nous tire vers l'extérieur nous arrache à nous-mêmes en nous volant notre âme, autant la verdure et les sons de la nature, les chants des oiseaux, le souffle du vent, le crissement de la neige, le rire du ruisseau dans les herbes, nous rappellent à notre propre nature, qui est faite de la même chair, de la même vie. La campagne nous permet en particulier de nous raccorder au monde d'avant la machine, d'avant la paperasse et la technologie, au monde d'avant l'Homme.

La neige descend lentement sur la campagne autour de Sainte-Adèle. Sous un rideau de dentelles qui tombent en tremblant, les formes et les contours de la terre sont abolis. Tout est arrondi dans une couche qui s'épaissit avec le silence. Comme si le ciel avait tissé pour la terre, à même son corps, une robe de mariée scintillant sous les pins. Maintenant c'est la campagne tout entière qui est étoilée.

Lorsque je me rends à Pointe-aux-Trembles – quel joli nom pour un chœur de peupliers frémissants – et que je descends vers le fleuve qui glisse paresseusement vers Québec, je prends le temps de m'asseoir sur une pierre, j'écoute, je regarde, je goûte le silence et l'espace. Si j'y passe deux heures ou même une seule au cours de l'après-midi du samedi ou du dimanche, je me sens calmé, ressourcé; je commence à être un peu plus proche de mon corps et de ses frères, ces êtres frémissants de la nature. Mais si je fais ce «pèlerinage aux sources» pendant la nuit, à la montée des étoiles d'été, je suis littéralement avalé par le ciel qui efface toute pensée, toute mémoire. Et lors d'une nuit d'hiver, l'apaisement de la neige et du ciel agit sur moi d'une façon que je ne peux comprendre, mais qui est inoubliable. C'est comme un massage de tout le corps!

La démangeaison de savoir

Et pourquoi devrais-je comprendre? Qu'y a-t-il ici à expliquer, qu'y a-t-il à analyser dans tout ce qui se passe de beau et de silencieux dans nos vies? Et en quoi le fait de comprendre les rouages et les secrets de la Grande Machine va-t-il me guérir et me ramener à moi? À cette zone en moi qui sait, mais qui ne sait pas expliquer?

Il y a dans nos vies trop d'explications, trop de savoir, trop de chiffres et pas assez d'écoute, de simplicité et d'accueil, comme on en trouve dans la nature. Pas assez de «je ne sais pas, mais j'aime et j'écoute». On préfère expliquer et calculer plutôt que de sentir, plutôt que de simplement goûter. Pourtant, ce n'est pas l'intellect qui peut saisir le cœur des choses ou entendre le chœur des choses qui chantent. De toute façon, il ne cesse d'éructer paroles et concepts, il n'a plus de place pour l'écoute. Il ne peut accepter de se taire devant la vie qu'il perçoit comme une source intarissable de thèses, de théories et de systèmes à défendre.

Non, ce n'est pas la pensée diviseuse et calculatrice qui peut nous guérir, nous rassembler, nous montrer qui nous sommes derrière ce barrage de discours savants. Notre âme est muette, mais c'est elle qui vit le plus intensément en nous.

En fait, la pensée va trop vite, elle s'agite, elle participe de l'épouvante générale. Je dirais même qu'elle l'engendre. C'est le corps seul – le terrain des sensations – qui peut nous ramener vers un ralentissement, vers une paix intérieure. Il y a en nous un lac profond et tranquille qui est pleinement vivant sans pourtant rien faire, sans dire un mot. Et aucun faire, aucun dire ne peuvent l'atteindre.

Le corps suit un rythme plus lent, celui de la sève, celui de la nature qui arrive toujours en son temps, sans se laisser presser par des forces extérieures. Comme la vie et la nature ne vont nulle part, elles n'ont pas à se presser, elles peuvent prendre leur temps, le temps de la croissance et du déclin, le temps des éveils et des deuils, le temps de l'éclosion et de la maturation.

Si donc vous voulez sortir de l'impasse et retrouver le passage secret vers vous-même, il faudra ralentir, il faudra laisser la machine et la pensée se perdre dans leurs courses de vitesse. Pour ce faire, je vous propose les deux avenues suivantes.

La marche lente

Dans un chemin de campagne ou en forêt, commencez par vous tenir debout en silence et sans bouger. Mettez ensuite prudemment un pas devant l'autre, en étant complètement attentif à ce que vous faites. Levez le pied droit lentement, posez-le avec soin, pour ensuite porter votre attention sur la jambe gauche qui est étirée et se trouve prête à lever le pied à son tour. Il faut procéder lentement. *Plus lentement encore.*

Soyez pleinement attentif à ce qui se passe dans vos jambes et vos pieds: ne vous occupez pas de l'entourage. *C'est le mouvement seul qui compte, ce n'est pas le fait d'arriver à tel endroit ou d'y arriver plus tôt.* Il s'agit d'habiter ses jambes, de les sentir, de sentir leur tension, leurs moindres mouvements, leur détente, la sensation du pied qui touche le sol.

La première fois, faites cela pendant une quinzaine de minutes. Puis, un autre jour, reprenez l'exercice. Si vous y êtes fidèle, vous ne marcherez plus avec la même inattention, distrait et perdu dans vos pensées, complètement absent de votre corps.

Il serait utile et bienfaisant d'intégrer cet exercice, par exemple, à la fin de votre marche quotidienne. Si vous ne le faites qu'une fois de temps à autre, évidemment, en bout de ligne vous ne serez guère plus attentif qu'avant. Vous devez secouer gentiment votre manque d'attention, et cette marche quotidienne vous aidera à y arriver.

Un dernier point: n'oubliez pas de faire ces pas lents loin des curieux et des badauds. On prend son bain seul, après tout!

L'attention au souffle

Vous pouvez aussi vous rendre attentif à la respiration. C'est très facile – beaucoup plus que la marche lente. Tout d'abord, cet exercice se fait assis confortablement. Les yeux fermés, prenez conscience qu'au niveau du ventre, il y a un mouvement qui monte, qui se pose un instant, puis qui redescend doucement. Suivez le mouvement: *n'essayez pas de contrôler ni d'analyser le souffle.* Coulez avec le mouvement, mais en étant simplement conscient et présent.

Pendant toutes les activités de la journée, on ne sait pas que l'on respire, on ne sait peut-être même pas si on respire par le nez ou par la bouche. (Il s'agit bien sûr de respirer par la bouche!)

Cet exercice, fait quotidiennement – pendant 15 minutes au début et pendant 20 à 30 après une semaine –, vous apaisera encore plus que la marche lente. Et pourquoi? Parce que la respiration suit toujours l'émotion – une émotion forte/un souffle agité. Lorsque vous êtes concentré sur votre respiration, vous pouvez plus facilement vous libérer de la pensée et de l'émotion. Comme la respiration est essentiellement une sensation, laissée à elle-même, elle est sans émotion. Et c'est cela qui libère et qui apaise. Qui ralentit le débit de la vie, qui ramène vers la source.

Si vous répétez cet exercice fidèlement (ne serait-ce que pour 10 minutes) chaque fois que vous êtes stressé, l'apaisement du corps se fera spontanément puisque vous laissez le corps faire son travail: vous n'en êtes que le témoin attentif. Vous respirez consciemment alors qu'habituellement, le corps fonctionne sans que vous en soyez conscient. Ces moments de conscience à eux seuls peuvent changer le climat de votre journée, *vous vivrez davantage au ralenti, ce qui vous permettra justement de rester avec vous-même davantage et d'être moins émotif.*

* * *

Si vous effectuez ces deux exercices régulièrement et assidûment, et que, de temps à autre, vous faites une trempette en pleine nature – à la mer, en forêt, dans les champs –, votre vie en sera changée. En effet, c'est souvent à travers le corps que la vie intérieure change. Vous allez vivre plus détendu et, par le fait même, moins dans l'émotion et la pensée. Vous serez revenu au rythme naturel de votre organisme. Vous commencerez déjà à retrouver le vrai vous.

Et, curieusement, personne ne sera intervenu dans le processus: ni psy, ni médecin, ni chiro. Tout l'enseignement qu'il nous faut pour vivre sereinement nous est fourni spontanément par la nature.

Car si tout le savoir se trouve dans le cerveau de l'Homme, toute la sagesse se trouve dans la Nature – celle qui nous entoure et qui nous habite également.

Chapitre 11

L'ÉCOUTE

Vous ne pouvez percevoir la beauté
si vous n'avez pas un esprit serein.

Henry David Thoreau

Le fermier qui aimait les oiseaux

«J'ai connu un vieux fermier qui parlait avec affection des oiseaux autour de son ranch. Il ne connaissait pas leur nom et parfois nous étonnait par ses remarques incorrectes. Je suis même sûr qu'un observateur d'oiseaux expérimenté aurait peu apprécié sa sagesse. Mais comme il jubilait devant le spectacle des oiseaux!

«Je me souviens d'avoir observé son visage ridé, ses yeux remplis d'extase, alors qu'il regardait les vols d'oies et de cygnes striant le ciel du couchant. Il devenait si absorbé dans leurs changements de formation et leurs appels perçants qu'il lui fallait plusieurs moments pour revenir à lui.

«En raison de sa joie et de son ravissement devant les oiseaux, j'ai toujours senti qu'il avait la bonne façon de les approcher et qu'il avait appris plus de sa propre contemplation admirative que bien des observateurs scientifiques de leurs études pointues.

«Il faut s'aventurer dans les terres sauvages sans catégoriser les choses que l'on observe, mettant plutôt l'accent sur le fait de sentir un lien, une parenté avec tout ce que l'on rencontre. Il s'agit de voir toute chose avec les yeux d'un enfant au regard frais et étonné[1].»

Avec la beauté devant moi,

J'avance.

Avec la beauté derrière moi,

J'avance.

Avec la beauté au-dessus de moi,

J'avance.

Avec la beauté sous moi,

J'avance.

Avec la beauté tout autour de moi,

J'avance.

Me promenant dans un sentier de beauté,

J'avance, pleinement vivant.

Hymne navajo

L'union entre tout

«À mesure que vous marchez, sentez toute chose autour de vous comme faisant partie de votre être. Sentez-vous dans les arbres, qui se tiennent hauts et fiers. Sentez en vous le mouvement de leurs branches et de leurs feuilles, alors qu'elles se balancent et frémissent à la moindre brise.

«Devenez les oiseaux sautillant de branche en branche. Écoutez leurs appels et sentez leurs cris résonner en vous. Montez et descendez avec les corbeaux glissant et se jouant des courants d'air. Suivez-les jusqu'à ce qu'ils disparaissent dans le bleu de l'espace.

«Suivez le vent à travers les bruits et les mouvements qu'il suscite, à mesure qu'il se coule autour des arbres et des champs, au-dessus et à travers eux. Sentez que vous habitez chaque son, chaque mouvement de la nature[2].»

Ici se trouve une tranquillité si profonde

Les herbes hautes cessent d'onduler

Étonnant comme tout dans la vie sauvage nous convient complètement

S'immisce en nous comme si c'était notre parent, une partie de nous-mêmes

Le soleil ne brille pas sur nous, mais en nous

La rivière ne coule pas devant nous, mais à travers nous

Elle fait frissonner, vibrer et chanter chaque fibre, chaque cellule du corps, elle les fait glisser, couler et chanter.

John Muir[3]

«Lorsqu'il était jeune garçon, le grand chimiste et agronome George Washington Carver disait: "La plupart des gens regardent mais ne voient pas." Si vous visitez un endroit d'une grande beauté, ou que vous marchiez simplement près de votre demeure et qu'un arbre ou une fleur vous saisisse, arrêtez-vous un moment et passez un peu de temps à jouir de ce qui arrive. Si des pensées agitées vous assaillent, par exemple "Je devrais me hâter et faire mon travail", ignorez-les aussi longtemps que vous le pouvez. Ramenez votre esprit au moment de la communion[4].»

La transparence devant la nature

«La simplicité en toute chose est le secret de la vie sauvage et l'une de ses leçons les plus riches. C'est ce qu'on laisse derrière soi qui est important. Je pense que la question de la simplicité dépasse même le domaine de la nourriture, de l'équipement et des objets qui ne sont pas nécessaires. Cela concerne également les pensées et les buts. Lorsque nous sommes dans la nature sauvage, nous ne pouvons y transporter nos soucis. Autrement, d'un seul coup, nous perdons la joie[5].»

La jeunesse de la nature

«Les gens se demandent comment j'ai fait pour demeurer si jeune. J'ai presque 77 ans et je peux encore sauter une clôture, participer à une course ou donner un coup de pied sur le chandelier. Cela est attribuable au fait que mon corps n'est pas plus vieux que mon esprit – et mon esprit est adolescent. Il n'a jamais vieilli. Il ne le fera jamais, je l'espère: je suis aussi curieux que je l'étais à l'âge de 8 ans[6].»

«La première paix, celle qui est la plus importante, vient dans l'âme des gens lorsqu'ils se rendent compte de leur lien, de leur union avec l'Univers et tous ses pouvoirs, et lorsqu'ils prennent conscience qu'au centre de l'Univers réside le Grand Esprit, et que ce centre est vraiment partout, qu'il est à l'intérieur de chacun de nous[7].»

La sagesse de la nature

«Il y a bien des années, vivait dans un petit village dans un pays lointain un sage profond et respecté. On lui demandait souvent comment il avait atteint une si grande sagesse: "Où avez-vous étudié? Qui vous a enseigné?" À un moment donné, le sage répondit: "Jusqu'à ce jour, j'ai eu plusieurs enseignants et mes études continuent dans la forêt et les montagnes qui entourent mon village." Son visage devint alors radieux et content. Contemplant les forêts au flanc des montagnes, il ajouta doucement: "J'ai appris bien des leçons précieuses ici. Les pierres ont été parmi mes premiers enseignants. Auprès d'elles, j'ai appris comment m'asseoir et me tenir tranquille. Une fois que j'avais fait cela, j'ai commencé à remarquer d'une façon nouvelle toutes les choses qui m'entouraient. Un chêne m'apprit la différence que peut faire une vie: j'ai vu comment lui et ses frères réchauffaient l'hiver et rendaient la chaleur de l'été plus plaisante; comment les animaux de la forêt venaient à l'arbre pour trouver un abri, de la nourriture et du réconfort. Depuis ce temps-là, j'ai essayé de vivre pour les autres[8]".»

«Ceux qui ont l'humilité de l'enfant peuvent retrouver la clé qui fait accéder au respect de toute vie et fait découvrir notre parenté avec toute chose[9].»

Notes

1. Joseph Cornell, *Listening to Nature*, Nevada City, CA, Dawn Publications, 1987, p. 16.
2. *Id.*, p. 42.
3. *In* Cornell, *op. cit.*, p. 42.
4. Cornell, *op. cit.*, p. 61.
5. Sigurd Olson, *in* Cornell, *op. cit.*, p. 27.
6. Luther Burbank, célèbre botaniste, *in* Cornell, *op. cit.*, p. 46.
7. Black Elk, *in* Cornell, *op. cit.*, p. 68.
8. Cornell, *op. cit.*, p. 72.
9. J. Allen Boone, *in* Cornell, *op. cit.*, p. 73.

Chapitre 12

L'AMITIÉ

L*e Petit Robert* définit l'amitié comme «un sentiment réciproque d'affection qui ne se fonde ni sur la parenté ni sur l'attrait sexuel». Et sur quoi pourrait-il alors se fonder? Sur une affinité profonde faite de transparence, d'autonomie et de loyauté. Les vrais amis se sentent en complète confiance ensemble. Ils ne se jugent pas, mais sont naturellement en faveur de l'autre. Ils peuvent se comprendre sans se parler et demeurent liés même lorsqu'ils sont séparés par le temps et l'espace.

Comme ce n'est pas une relation qui engage le sexe, il n'y a pas de place pour la jalousie ou pour la possessivité. Cependant, l'amitié contient beaucoup de tendresse, d'attentions et de délicatesses. «La confiance totale entre amis ne craint ni le changement, ni la lassitude, ni l'oubli. Le temps a suspendu ses effets... Ce qu'on appelle amitié est indéfectible, inaltérable, inconditionnel. [...] Cela explique sa rareté[1].»

Aussi, la sagesse traditionnelle a-t-elle raison de dire qu'il faut retenir à deux mains un vrai ami – cette personne respectueuse, joyeuse, fidèle et tendre. Voilà, en effet, quelque chose de très précieux qui ne court pas les rues.

Entre l'amitié et l'amour

Aimer d'amour et aimer d'amitié sont deux choses complètement différentes et pourtant unies par le même verbe: «aimer». Et c'est justement parce qu'elles se ressemblent étrangement qu'il faut savoir bien les distinguer. Voici quelques réflexions à ce sujet.

L'allumage

Le premier trait qui distingue l'amitié de l'amour, c'est qu'elle n'est pas une aventure dans laquelle on s'engage aveuglément, alors que l'amour surgit souvent d'un coup de foudre que l'on subit et qui nous envoûte complètement. Dans l'ensemble, ce coup de foudre est allumé par une attraction sexuelle, une hormone chimique, alors que dans l'amitié, cela se passe à un niveau plus profond et plus calme.

Le coup de foudre envoûte; on ne s'appartient plus, on perd la tête, alors que la rencontre de l'ami, elle, fait que l'on est de plus en plus soi-même.

L'autonomie

Les amis sont individuellement autonomes. Cela est attribuable en grande partie à l'absence d'attraction sexuelle. Chacun est indépendant de pensée, n'a pas besoin d'être rapproché physiquement de l'autre, et ne lui est aucunement soumis. Dans l'amour, l'un des partenaires peut être dépendant de l'autre sur le plan affectif, et parfois même ce sont les deux amoureux qui dépendront l'un de l'autre.

L'égalité

C'est l'autonomie qui crée l'égalité entre les amis. Chacun devient à la fois transparent à l'autre et complètement fidèle à lui-même. Comme le dit si bien Jacques de Ruisselet, dans le cas de l'amitié, «un autre moi *m'aime* [2]».

La loyauté

En raison de cette transparence et de cette confiance mutuelle, la véritable amitié ne connaît pas la trahison, alors que l'amour peut même se nourrir de trahison, comme on le voit dans les grandes passions de l'histoire.

L'ouverture

Du fait qu'il n'y a pas de place pour la jalousie en amitié – en raison de l'absence de possessivité rattachée au sexe –, on peut avoir plusieurs amis, également intimes et pourtant uniques. En amour, le fait d'entretenir plusieurs amants ou maîtresses provoque, la plupart du temps, jalousie, mensonges, ruptures et vengeance.

Les amis sont toujours heureux de se revoir, alors que les amants passés ne sauraient l'être, puisque la passion éteinte laisse souvent des blessures, de l'amertume et des regrets. Et pourtant, même si l'on est entouré de plusieurs vrais amis, il reste que chacune de ces relations demeure irremplaçable. On peut même présenter un ami à l'autre sans que le rapport unique avec chacun en soit altéré.

Ainsi, du moins en Amérique du Nord, on peut avoir comme amis un homme d'affaires, une journaliste, un psychiatre, un technicien de télé, un médecin, une employée de bureau – comme c'est mon cas présentement. C'est chaque fois une amitié différente en même temps que c'est toujours et simplement de l'amitié.

Les liens entre amis vrais sont tissés en fonction des affinités, qui à leur tour dépendent de la compatibilité des tempéraments, des intérêts, des cultures, des milieux.

Si, comme je le crois, on ne peut vivre une vie saine et comblée sans avoir des amis authentiques, en revanche, il en faut très peu: la qualité du rapport en exclut le nombre.

La transcendance

L'amitié dépasse le temps du fait qu'elle prend racine dans l'âme et non dans la passion, comme cela a lieu dans l'amour. «Quand nous rencontrons un ami, même des années plus tard, c'est comme si nous l'avions quitté un moment plus tôt. Nous reprenons la conversation comme s'il s'agissait d'un dialogue ininterrompu. Comme s'il n'y avait pas eu d'intervalle[3].»

J'ai vécu une amitié de ce genre. Dans les années 1940, Marcel et moi faisions ensemble notre collège chez les Jésuites de Saint-Boniface, au Manitoba. Nous avions été tous deux élevés dans une ferme. Il était vrai, clair, spontané et d'une droiture exemplaire. Nous sommes entrés ensemble chez les Jésuites en 1949, mais Marcel est revenu chez lui après deux ans pour faire ses études de droit et se marier avec Pauline, une belle jeune fille à l'esprit libre, au tempérament fort et d'une grande générosité. C'était pour lui la parfaite compagne.

Revenu enseigner quelques années plus tard au même collège, j'ai pu assister à leur mariage en 1958. Je ne devais plus les revoir pendant 40 ans. C'est donc en 1998 que je repris contact avec Marcel. En se voyant, c'était comme si on venait de se quitter. Nous avons passé trois heures à nous mettre à jour, à comparer nos parcours, ponctuant notre conversation de points d'exclamations: «Comme tu n'as pas changé!», «Toi non plus!», «Te souviens-tu d'un tel?...», pour revenir aux aventures des années de collège, photos à l'appui.

Le temps n'avait pas touché cette amitié et ne pouvait l'altérer, puisque l'amitié est un mariage entre âmes. Cela ne vient pas de nous, c'est un cadeau de la vie. Et même si nous n'allions pas nous revoir, nous serions toujours là, présents l'un à l'autre, dans la joie et la lumière. Heureusement, nous nous sommes revus, et plusieurs fois.

La maturité

Une telle amitié ne peut se réaliser qu'à travers une durée et une longue expérience. On ne peut être des amis fidèles quand on est enfants ou même adolescents: on peut, au plus, semer des germes d'amitié, mais une relation profonde et stable demande d'avoir été trempée comme une épée. En revanche, les premières amours sont habituellement des feux de paille qui ne font que susciter des frissons et rendre conscients de son sexe.

En effet, il n'est pas possible qu'une amitié naisse comme un champignon; l'amitié se cultive, s'éprouve, se solidifie. Ne dit-on pas que celui qui cesse d'être un ami ne l'a jamais été? Ce ne serait alors qu'un profiteur, un manipulateur, peut-être même quelqu'un qui ne connaîtrait jamais la véritable amitié.

En effet, comme l'écrit Nancy Huston, «ce n'est que dans la longue durée que l'on apprend les choses essentielles les uns sur les autres, celles qui nous ont faits ce que nous sommes. [...] Chacun de nous s'est rencontré, seul, face aux grandes douleurs qu'a pu lui réserver l'existence, et la pudeur nous interdit de brader cela en le jetant en pâture à la conversation [...][4].»

La sérénité

L'amitié authentique est sereine, alors que le moins que l'on puisse dire d'un amour, c'est qu'il est houleux et imprévisible, du fait qu'il est passionnel. Et comme la passion est émotive et instable, elle fera souffrir, alors que ce n'est pas le cas pour l'amitié.

La sérénité – clarté, tranquillité, joie –, est une caractéristique fondamentale de toute grande amitié. On y trouve en effet une stabilité, une longanimité, une patience naturelle. En raison de cette sérénité, l'amitié est essentiellement joyeuse: elle invite à la fête, à la célébration, au partage. Les amis ne se soucient pas de ce qui fait ou définit leur amitié, car celle-ci les porte comme une rivière, lumineuse, légère.

Certes, il peut y avoir des amitiés plus romantiques, plus expansives, plus passionnées, comme dans le cas de Montaigne, de Shakespeare, d'Emerson ou de Proust. Mais ce sont là des amours plus que des amitiés, dans la mesure où elles impliqueraient le sexe. Or, même lorsque l'amour est passé de la passion à son couronnement – une tendresse moins dépendante du sexe –, on n'y retrouve pas toujours cette disposition à la bienveillance, propre à l'amitié, cette volonté de ne pas juger, ce goût du plaisir de l'autre sans en attendre de retour, et surtout, cette autonomie complète sur le plan émotif.

On peut également se demander si la grande amitié est possible entre homme et femme. Cela supposerait que les deux aient atteint une solide maturité et soient complètement autonomes d'esprit et de cœur. Mais aussi longtemps qu'il y a chez l'un ou l'autre un certain désir de conquête ou d'aventure romanesque, ou encore un besoin d'être aimé ou séduit, on ne sort pas du cercle de l'amour et de ses envoûtements.

L'amitié en société

Les religions ont toujours voulu changer le monde par «l'amour», en obligeant à aimer tout le monde et pas seulement le voisin. Elles ont ainsi faussé le sens du mot amour et ont dévalorisé la bonne et simple amitié. On a confondu l'amour inconditionnel avec la ferveur du néophyte, avec le fanatisme et le zèle missionnaire. On a oublié que ni l'amour ni l'amitié ne peuvent être commandés, imposés ou organisés. Ils n'appartiennent à aucun ensemble de commandements, révélés ou pas, car il est impossible que ce qui vient du cœur et de l'âme puisse être soumis à un ordre extérieur ou à une autorité quelconque, humaine ou divine. Cela ne peut sourdre que de l'intérieur des gens et n'obéir qu'à cette source qui guide et anime.

Il eût mieux valu parler simplement du respect des autres, des animaux, des plantes et de la terre, autant que des humains – au lieu de chanter la pomme au monde en disant «je vous aime tous», sans aucun respect pour l'autonomie et le libre choix de chacun, et avec l'intention sournoise d'obtenir de tous leur soumission et, finalement, leurs sous. Même le pape actuel, qui dit aimer tout le monde, ne respecte pas les gais, la liberté de ses prêtres ou l'autonomie des femmes dans son Église!

Comme on ne peut sauver les autres et que l'on n'a même pas le droit de les changer, la seule chose qui pourrait diminuer les heurts entre les humains, ce serait simplement un minimum de respect. Je dis bien un minimum, car c'est de cela seulement que nous sommes capables. Cessons donc de rêver en couleurs en croyant que l'amour va sauver le monde, car si c'est de l'amour romantique que l'on parle, cela fait davantage partie du problème que de la solution et ressemble plus, étrangement, à de la religiosité émotive qu'à la liberté. Le vrai amour – celui que j'ai présenté sous la forme de l'amitié authentique –, eh bien, je ne l'ai découvert dans aucune secte, aucun évangélisme, aucune foire aux miracles, ni auprès d'aucun *preacher*.

Par conséquent, le seul lien unificateur que l'on puisse espérer voir naître dans une société ne pourrait être fait que de civisme et de politesse. En effet, si l'on arrivait simplement à se respecter mutuellement en société, on n'aurait même pas besoin d'un système de justice. Or, le respect est un commencement, une semence d'amitié. Certes, la politesse et le civisme existent en amour, mais c'est habituellement pour manipuler l'autre, le séduire ou le conquérir. Ce n'est pas «propre». Alors qu'en amitié, politesse et civisme vont de soi, sans arrière-pensée, sans apprêt: ils sont l'expression de l'attention naturelle pour l'autre. Et si nous pouvions tous pratiquer un début, un brin, un atome de civisme, alors peut-être que naîtrait dans notre monde un temps de respect – d'amitié élémentaire.

C'est en effet ce civisme minimal qui manque à la société d'aujourd'hui, surtout chez les jeunes – les «enfants rois» – qui sont nombreux à avoir de l'argent et à se ficher des autres. Pour beaucoup d'entre eux, les règles sont non avenues, les autorités, non respectables, la vie, dévalorisée, et les vieux – à partir de 50 ans –, de trop. Par exemple, si l'on rencontre des jeunes attroupés sur le trottoir, ils ne se déplaceront pas pour vous laisser passer et si vous tombez sur la glace, comme cela m'est arrivé en pleine rue Saint-Denis, on vous y laissera. D'autres utiliseront sans gêne leur cellulaire en parlant à pleine force dans un restaurant ou vous éclabousseront en passant en voiture. J'ai même rencontré deux jeunes qui, lorsque je leur demandais d'ouvrir la porte pour faire passer la personne en fauteuil roulant que je poussais, m'ont répondu: «On n'est pas obligés de faire ça.» En effet, on n'est pas obligé de pratiquer le civisme, puisque cela ne peut venir que du cœur, justement.

Il serait temps de cesser l'enseignement de la morale bouche-trou ou de la religion qui manipule et infantilise, pour ouvrir les consciences aux valeurs les plus simples, les plus urgentes – le respect, le civisme et la politesse. Il serait grand temps de retrouver les semences de l'amitié la plus élémentaire.

Le lien fondamental

L'amitié est plus forte que l'amour, elle le précède et lui survit. La raison en est que l'amitié prend racine dans l'âme. Même dans l'amour-passion, si l'on n'atteint pas le niveau de l'amitié, cela finit par une séparation ou un divorce. Ce qui crée la durée d'une relation, c'est l'amitié. Et voici pourquoi: ce qui est moins dépendant des fluctuations instables de l'émotivité est plus stable et plus fort. Et comme l'amitié n'est pas une dépendance sur le plan affectif, qu'elle n'est pas rattachée aux manipulations du sexe, elle peut seule créer un lien qui survit aux montagnes russes de l'émotion. Toute passion, au contraire, est provisoire et imprévisible, donc changeante.

Si donc les amants ne dépassent pas l'émotivité et la compulsion sexuelle, ils n'accéderont pas à l'amitié. Ils vont simplement conclure qu'ils ne sont pas faits l'un pour l'autre, ou qu'ils ne s'aiment plus, alors qu'ils ne se sont même pas donné la chance d'atteindre en eux un niveau plus profond, plus autonome, plus stable. Ils sont restés au niveau du corps et de l'émotivité, alors que c'est dans l'âme que se trouve le véritable amour, celui qui peut s'exprimer sans le sexe autant que par lui. Celui de l'amitié amoureuse.

L'importance de l'amitié est telle que sa durée, sa sérénité, sa transparence peuvent seules faire de l'amour une aventure qui comble et libère.

Notes

1. Roger-Pol Droit, «À côté du temps», *Le Nouvel Observateur*, déc. 2000, p. 24.
2. *Id.*, p. 50; l'italique est de moi.
3. François Alberoni, *Le Nouvel Observateur*, déc. 2000, p. 65.
4. Nancy Houston, «La gloire du phénix», *Le Nouvel Observateur*, déc. 2000, p. 98.

Chapitre 13

VIEILLIR: CÔTÉ OMBRE

La vieillesse est un temps pour la sagesse.

Une société déchirée

Grâce aux progrès de la médecine, les gens peuvent aujourd'hui retarder de plus en plus le moment de leur décès. En revanche, la vieillesse ainsi prolongée trouve de moins en moins de place dans une société qui cherche la jeunesse à tout prix. On n'en a que pour le rajeunissement et la nouveauté en tout domaine: c'est le nouvel évangile qui fait loi dans la pub, la télé, les sports, les mœurs sexuelles, la chanson, les gadgets technologiques, la mode et les produits griffés. On s'adresse surtout et tout d'abord aux jeunes, parfois même aux très jeunes. Du même coup, les multinationales et les grosses firmes renvoient les employés d'âge mûr encore très capables, mais dont l'expérience et les qualifications exigent des salaires trop élevés, pour embaucher à leur place des jeunes, malléables, peu exigeants et immatures. On fait ainsi savoir à la vieillesse qu'elle n'a plus de valeur, qu'elle est de trop, du simple fait qu'elle n'est plus rentable.

En agissant ainsi, les banques, les magasins et les entreprises écartent petit à petit ou nient simplement les valeurs et les ressources des aînés – l'expérience, la tolérance, la sagesse, la liberté vis-à-vis des modes. On fait sentir à ceux qui prennent de l'âge qu'ils sont en quelque sorte des ratés. «Le Créateur se serait trompé, suggère Ram Dass avec son humour habituel, et s'il avait été aussi intelligent que la pub, il nous aurait gardés jeunes à jamais. On ne peut donc compter que sur les merveilles de la technologie et du commerce pour nous sauver – pour nous garder jeunes. Mais c'est surtout aux yeux du monde économique que les aînés apparaissent comme une menace, même un désastre*[1].»

Mais il fallait s'y attendre, la société, en prolongeant la vie humaine, est désormais composée de plus de vieillards que jamais auparavant. D'un côté, elle les veut; d'un autre, elle les rejette. On peut se demander pourquoi elle donnerait ainsi d'une main ce qu'elle retire de l'autre. Serait-ce la sagesse qui l'inspirerait ou ne serait-ce pas plutôt les impératifs d'une science aveugle, qui a pour slogan «Si on peut le faire, c'est donc que c'est une bonne chose…», sans jamais se questionner sur les conséquences de ses découvertes?

> «Un jour, raconte Ram Dass, je marchais derrière un vieux couple sur la Cinquième Avenue de New York. Ces vieillards allaient très lentement, chacun appuyé contre l'autre. Arrivés au passage clouté, les autos et les piétons filaient à toute allure pour devancer les feux rouges. Les voitures klaxonnaient aux oreilles du couple, tout le monde poussait sur eux pour qu'ils accélèrent le pas, mais ils se tenaient là au beau milieu du passage clouté, confus et figés. Ils faisaient penser à des Martiens égarés dans une culture tout à fait différente et tellement pressée[2].»

* Ram Dass est un éveilleur spirituel américain que j'ai tenu en haute estime dès ses premières publications dans les années 1960. Comme nous sommes du même âge, nous avons connu un parcours parallèle à bien des points de vue et notre vision est demeurée très semblable. Ram Dass a tout traversé sans perdre le sens des choses et sa paralysie récente témoigne encore davantage de sa sagesse et de son humour. Le présent chapitre est largement inspiré de son dernier livre, *Still Here*.

L'information sans sagesse

Notre culture non traditionnelle – «une culture de chasseurs toujours à l'affût d'une proie» dit Ram Dass – est dominée de plus en plus par la technologie et l'information. Celle-ci remplit et excite le cerveau de myriades de données et de possibilités, alors que la sagesse demande plutôt de vider et de tranquilliser l'esprit, pour développer les valeurs du cœur et prendre ses distances vis-à-vis des apparences et des modes. L'information est branchée sur la quantité et l'immédiateté, alors que la sagesse valorise la qualité et prend son temps.

Il nous faut en effet beaucoup de tranquillité et de silence pour nous éveiller à la sagesse qui nous habite. Celle-ci nous permet de nous retirer un peu pour voir l'ensemble de notre vie, pour séparer l'essentiel du secondaire et chercher le sens caché des choses et des événements, plutôt que de vouloir en soutirer le maximum d'informations. Cela suppose un ralentissement, du silence, de l'humilité même et une réflexion sur le vécu – autant de données non monnayables, non rentables et donc sans valeur pour une société soumise à la religion du profit et du pouvoir.

L'influence du culte de la jeunesse

Or, comme les aînés – personnes retraitées, d'âge mûr ou avancé – font tout de même partie de cette société, ils sont touchés par l'insensibilité croissante à leur égard, et en arrivent à se voir eux-mêmes de façon complètement négative. Au dire de Ram Dass, «cela en amène plusieurs à combattre leur vieillissement, au point de rendre leur vie misérable. Si la diète et les exercices ne réussissent pas à les rajeunir, ils auront recours aux chirurgies plastiques pour cacher leur âge [...]. J'avais moi-même besoin de me regarder souvent dans le miroir. Il fallait que je me dise: "C'est bien là ma tête chauve, c'est bien là mon gros ventre, c'est bien là ma peau qui lâche." Je devais regarder ce corps vieillissant, l'accepter et voir avec compassion chacune de ses parties afin de découvrir qui vivait dans ce vieil immeuble. Car si je ne pouvais regarder le bâtiment, comment savoir si quelqu'un y habitait?

«Nous avons en effet besoin d'examiner nos attitudes vis-à-vis de l'image que nous nous faisons de notre corps, de nos émotions qui montent lorsque nous nous regardons dans le miroir. C'est le moment de nous demander: "Où suis-je maintenant que mon corps n'est plus ce qu'il était? Quelle est cette chose en moi qui n'a pas changé, cette présence qui observe tous ces changements?"[3]»

Comme on ne peut guère attendre un éclairage de la société, ce sont les aînés eux-mêmes qui doivent se prendre en main, une fois qu'ils ont reconnu la piteuse place qu'on leur réserve. Il leur faut premièrement se dissocier de cette vision négative et discriminatoire, pour ensuite changer la façon de se regarder eux-mêmes. Cela exige que nous, les aînés, nous ayons l'honnêteté de regarder la réalité en face, une fois que nous avons reconnu que la vision de la société est borgne. Nous pouvons dès lors considérer notre situation et en tirer les meilleures leçons. Il s'agit, en fait, d'apprendre à voir clairement à la fois le processus du vieillissement et les valeurs qu'il recèle.

Les pertes inévitables de la vieillesse

Lorsqu'on vieillit, on perd plusieurs choses: la mobilité, la force physique, la sécurité, la proximité des siens ainsi que le sentiment d'être utiles, d'avoir encore une place dans la société ou dans la vie de ceux qu'on a aimés. Notre corps sera peut-être bientôt atteint de certains maux qu'il serait sage de considérer à l'avance comme des possibilités: l'arthrite, la sciatique, l'insomnie, le cancer, l'atrophie musculaire, l'incontinence, la surdité, la paralysie. Certaines situations émotives peuvent également entraîner beaucoup de peine, des sentiments d'abandon, de déphasage, de non-pertinence et d'impuissance.

Il ne sert à rien de nier tout cela ou de refuser d'y penser. Il est, au contraire, très utile de passer lentement en revue chacune de ces réalités pénibles, pour observer la peur que l'on ressent et pour se demander ce qui, exactement, crée en soi cette peur: est-ce la douleur possible, l'approche de la mort ou le vide de l'au-delà? On peut ainsi commencer à regarder sa vie d'un point de vue plus détaché, en se demandant comment l'âme voit toutes ces choses qui arrivent au corps qu'elle a choisi.

Comme le suggère Ram Dass: «Je crois que la mise au rancart des vieilles habitudes, des vieilles conceptions qu'on a de soi, des vieilles béquilles psychologiques, de la force physique et de la position sociale, ainsi que de la dépression que ces changements provoquent, peut être considérée comme une étape nécessaire dans notre mûrissement et notre accession à la sagesse[4].»

May Sarton, une dame de 82 ans, a transcrit dans son journal son aventure en tant que jardinière handicapée par une maladie dégénérative. Toutes ses expériences ont été confiées à un magnétophone tout au long de sa maladie. Un jour, elle a confié ceci:

«Cette température extraordinaire continue. Je n'ai pu parler beaucoup à cette machine ces derniers temps, à cause de la grande douleur accompagnée de désespoir. Je ne sais pas quoi faire de moi-même. Mais hier et aujourd'hui, les choses allaient un peu mieux. Aujourd'hui, mes intestins ont fonctionné normalement, ce qui est une telle grâce pour moi que je dois vraiment en remercier Dieu [...].

«Le problème, avec la douleur, c'est qu'il faut continuer et faire ce qu'on veut faire même si ça fait mal. C'est comme ça que j'ai pu travailler au jardin, hier. Bien sûr qu'en ces moments-là, la satisfaction l'emporte sur la douleur. Aujourd'hui, je projette de planter trois misérables souches d'iris que j'ai commandées.

[...]

«C'est un jour lugubre. Pour la première fois, j'aimerais trouver un moyen de quitter à jamais ce lieu. Alors, je n'aurais pas à regarder mourir le jardin [...].

[...]

«C'est une situation difficile. Je dois dire que lorsque je suis allée me coucher hier soir, j'étais traumatisée à cause de la vie qui est périlleuse à tous points de vue et en sachant qu'à tout moment quelque chose d'effrayant peut arriver[5].»

Le même regard réaliste se trouvait chez ce moine zen, Kakuzen Suzuki, au moment où il était en train de mourir d'un cancer du rectum: «La réalité de ma souffrance est la seule réalité [...]. L'anus artificiel est une gêne qui m'épuise nerveusement. La nuit, je ne peux dormir que par brefs intervalles à cause de la douleur et des excrétions. La vue de ces impuretés m'ôte toute gaieté [...]. Aujourd'hui, j'ai besoin de chaleur humaine, de la chaleur de ma famille, il m'arrive de demander à ma femme de prendre mes mains dans les siennes [...][6].»

On peut penser que c'est être négatif que de s'attarder à décrire tous ces maux. Mais non, c'est voir simplement les choses en face. Je sais que plusieurs croient que c'est cruel de dire à une personne en phase terminale qu'elle va mourir. En effet, notre société considère comme un tabou la mort et tout ce qui la précède: elle a décidé que c'était une chose indécente dont il ne fallait pas parler, de peur de blesser le mourant ou même d'accélérer son décès! Mais ce sont plutôt les vivants qui sont blessés dans leur fausse pudeur et leur incapacité à accepter la réalité, car les mourants savent très bien qu'ils s'en vont – ils peuvent même vous dire à quel moment.

Ce qui les blesse, ce n'est donc pas qu'on leur dise la vérité mais qu'on la leur cache. La transparence permettrait pourtant de parler librement du temps passé, de demander pardon, de régler les questions restées en suspens. Un regard juste sur les choses libère toujours le cœur et clarifie l'esprit. Il nous raccorde également avec la beauté de la vie. «La douleur passe, mais la beauté demeure», disait, à ceux qui le plaignaient, le peintre Renoir, dont les mains nouées par l'arthrite ont tenu les pinceaux jusqu'à la fin.

Ce n'est donc pas penser négativement que de reconnaître que plus on vieillit, plus on perd de choses, de personnes et d'assurance. Car ce n'est là qu'un côté de la médaille: l'autre côté révèle que ces pertes sont, en fait, des gains cachés, puisqu'on perd en même temps ses illusions et qu'on se libère de son passé, de ses rôles et de ses attaches.

Notes

1. Ram Dass, *Still Here*, New York, Penguin Putnam, 2000.
2. *Id.*
3. *Id.*, p. 58-59.
4. *Id.*, p. 51.
5. May Sarton, *At Eighty-Two: A Journal*, *in* Ram Dass, *op. cit.*
6. Tiré de mon livre, *Vivre sans plafond*, Quebecor, 2001, p. 22.

Chapitre 14

VIEILLIR: CÔTÉ LUMIÈRE

Et l'on voit de la flamme aux yeux des jeunes gens,
Mais dans l'œil du vieillard on voit de la lumière.
Victor Hugo

En effet, parce qu'elle ne sait que faire de ses aînés, la société occidentale s'appauvrit de toutes leurs contributions possibles. Malheureusement, la plupart des aînés ne savent pas eux-mêmes ce qu'ils ont à donner, puisque personne ne le leur rappelle. Ce n'est donc qu'en vieillissant consciemment et en nous éveillant à ce que nous sommes que les qualités de patience, d'écoute, de sagesse et de tolérance pourront apparaître au grand jour dans une société complètement dénaturée.

En effet, il faudra le reconnaître un jour: la vieillesse est l'étape charnière d'une vie. C'est le temps des plus grands changements, un temps pour des activités et des connaissances complètement différentes. Voici en quoi cette étape est unique et essentielle. Elle est:

- un temps pour faire le deuil – de tous ses rôles passés et du besoin de maintenir les apparences;
- un temps pour retrouver l'audace de créer;
- un temps pour se permettre de faire des erreurs, d'expérimenter et d'improviser;
- un temps pour s'intérioriser, pour revoir sa vie et cueillir la récolte;
- un temps pour être bien avec soi tout en étant seul;
- un temps pour vivre dans le calme plutôt que dans la passion;

- un temps pour reconnaître qu'on ne sait pas;
- un temps pour épouser le regard de l'âme – pour entrer dans la perspective de l'âme, en voyant les choses, la vie et le corps de plus loin et plus en profondeur.

Voyons tous ces temps forts un à un.

Un temps pour faire ses deuils

Nous sommes tellement emportés dans la course à la réussite et tellement obsédés par l'appât du gain que nous avons grand-peine à nous séparer de nos rôles. On aurait l'impression de perdre le sens de sa vie. Et pourtant, la maturité d'une personne se mesure surtout par sa capacité à quitter son passé et à en faire le deuil. Or, un deuil ne se fait pas seulement au moment d'un décès ou d'un nouvel emploi; c'est un événement qui ponctue tous les moments importants de la vie, depuis la sortie de l'enfance jusqu'à l'abandon de tous ses rôles. C'est même une loi de la vie, la condition de toute croissance.

Ainsi, l'adolescente doit faire le deuil de son enfance; l'adulte, de son adolescence; la personne âgée, de sa période de contrôle et de productivité. Et à l'intérieur de ces grandes étapes, il y a tous les mini-deuils qui scandent le déroulement d'une vie humaine: faire le deuil d'un amour d'adolescence, d'un flirt, d'un divorce, d'un emploi convoité, d'une perte financière, d'un abandon d'ami ou de partenaire, d'une maladie ou de la santé, d'un triomphe et d'un échec. En somme, la vie nous appelle constamment à mourir à quelque chose ou à quelqu'un. C'est peut-être là son essence même: l'aujourd'hui ne peut être vécu que si le deuil d'hier est accompli, et ainsi de suite, jusqu'à ce qu'on ait compris comment se déroule la danse de la vie.

Être libre des rôles de naguère

Une des valeurs qui pourraient émerger d'une vieillesse bien vécue est la liberté vis-à-vis des rôles passés. Or, une des raisons qui font justement que la vieillesse est dérangeante pour plusieurs aînés, c'est qu'ils se voient perdre des fonctions anciennes qui les valorisaient.

Il est évident qu'avec l'âge, nous faisons face à la fragilité du corps, au départ des enfants, à la retraite et à la mort des êtres aimés. Nous sentons baisser les lumières de la salle, l'auditoire se disperse et nous sommes atterrés de ne plus trouver de sens à notre vie, de ne plus savoir comment nous conduire ou nous situer dans la pièce qui se joue. On se cramponne aux rôles joués naguère, on les récite et on s'y réfère constamment, mais cela fait simplement prolonger et augmenter le mal. Dépouillé de ses rôles, notre petit moi apparaît tel qu'il est: une fiction, une invention utile mais périmée dont il faudra faire le deuil.

Ce que nous faisons, ce n'est pas ce que nous sommes

Mais voilà! Comme la plupart d'entre nous croyons que nous sommes ce que nous faisons, le fait de découvrir que c'est faux nous frappe de plein fouet. Pourtant, cette constatation pourrait être libératrice si on consentait à voir les fonctions et les emplois pour ce qu'ils sont – des rôles – et rien de plus, au lieu de les percevoir comme la totalité de ce que l'on est. Nos réalisations passées et actuelles ne sont pas ce que nous sommes, ce que nous avons toujours été. Perdre ses rôles ou cesser d'y être identifiés nous permet d'être libres d'une vieille illusion, libres d'être enfin nous-mêmes.

Une identification qui remonte à loin

Cet attachement à nos rôles est très profond et prend racine dans l'enfance. Enfants, nous apprenons à nous définir en arrêtant des frontières entre soi et les autres, entre soi et le monde. Une fois «séparés» du monde «là-bas» et de tous ceux qui s'y trouvent, nous construisons une identité fondée sur ce que nous aimons et détestons, sur nos qualités physiques, notre tempérament, nos expériences et nos traits hérités. La personnalité se construit ainsi pendant les sept premières années, un peu comme un acteur préparerait les rôles qu'il irait ensuite jouer sur la scène du monde. Car le faux moi, c'est un acteur, mais un acteur qui ne fait pas que jouer des rôles: il s'y identifie; sa vie devient ces rôles.

Or, le rôle, c'est seulement ce que nous faisons. Ce que nous sommes, en revanche, c'est l'âme, qui embrasse la totalité de notre être et de notre destin. Nous avons passé notre temps à nous identifier inconsciemment à chacun de nos rôles – enfant chérie, adolescente confuse, femme séduisante, mère, grand-mère, ou enfant comblé, adolescent révolté, homme d'affaires prospère, p.d.-g. puissant, homme malade, divorcé, ruiné ou heureux. Et chaque fois, on pensait sérieusement que c'était cela, et cela seul, que l'on était!

Il n'était du reste pas possible à chacune de ces étapes de savoir qu'elle n'était qu'un rôle à jouer, à fond bien sûr, mais pour ensuite l'écarter en passant à autre chose. On aurait dû ainsi faire deuil après deuil du passé. Si on ne le pouvait pas, c'était parce que toute la société enseignait qu'il fallait être reconnu – identifié – par ce que l'on faisait, et par cela seulement. Comme si le policier se prenait toujours pour un policier, même lorsqu'il est au lit avec sa femme! Du reste, on se présente toujours en récitant son ou ses occupations: je m'appelle Jean Lemoine, propriétaire; moi c'est

Michèle, sa secrétaire. Aux yeux de la société, ce que l'on vaut se mesure par la réussite de son activité, non par la valeur de son être; on dira même de quelqu'un: «Il vaut 100 millions!»

Et pendant tout ce temps, tout ce qu'on faisait, c'était d'enfiler un rôle après l'autre. Pas un seul instant, à l'université, dans la famille, au travail ou au gouvernement (encore moins dans la religion), on ne se disait que ces occupations n'étaient que des rôles et que l'on était plus que cela: l'acteur derrière, libre de ses masques, de ses costumes et de ses emplois, qui survit à ses rôles justement parce qu'il existait avant et qu'il existera après.

Voici comment Ram Dass, un homme libre, récite les deuils qu'il a dû effectuer durant son existence:

«Pendant des années j'ai pratiqué le yoga – la voie du service. J'écrivais des livres sur l'apprentissage du service, sur l'aide à offrir aux autres. Maintenant, c'est l'inverse: il me faut des gens qui m'aident à me lever le matin et à me mettre au lit. D'autres me nourrissent et me lavent le derrière. Et je puis vous dire que c'est plus dur d'être celui qui est aidé que celui qui aide.

«Mais ce n'est qu'une autre étape. Je me sens comme si j'étais mort et rené plusieurs fois. Dans les années 1960, j'étais un prof à Harvard, et à la fin de cette période, je partis avec Tim Leary pour répandre les hallucinogènes. Pendant les années 1970, je mourus à tout cela pour revenir de l'Inde comme Baba Ram Dass, le gourou. Dans les années 1980, ma vie était consacrée à servir – fonder la Fondation Sena, bâtir des hôpitaux, travailler avec des réfugiés et des prisonniers. Pendant tout ce temps, je jouais au violoncelle, au golf, et je conduisais ma MG. Depuis mon attaque cardiaque, l'auto est restée dans l'entrée, le violoncelle et les bâtons de golf sont dans le placard. Maintenant, si je crois être celui qui ne peut plus jouer du violoncelle ou conduire ou travailler en Inde, je me prends terriblement en pitié. Mais je ne suis pas celui-là. Pendant l'attaque, je suis mort à nouveau, et aujourd'hui j'ai une nouvelle vie dans un corps endommagé. C'est là que je suis. Il faut être ici maintenant. Il faut suivre le programme tel qu'il se présente[1].»

Une conception qui nous désoriente

Une fois les rôles de naguère écartés, nous allons probablement nous sentir dénudés, désorientés et même dépersonnalisés. Comme le rappelle Ram Dass:

«Grâce aux avancées de la technologie, les femmes peuvent maintenant s'attendre à vivre un tiers de leur vie après la ménopause. À cause de cela, plusieurs racontent qu'elles sont confuses, sinon bouleversées, devant la façon dont la culture les considère une fois que leurs rôles – comme objet sexuel, mère ou épouse – leur sont enlevés. Comme l'une d'elles me disait: "Me voilà sur la rue et personne ne va même s'apercevoir que je suis là. C'est comme si je n'existais plus."[2]»

Il est certainement difficile pour beaucoup de se rendre compte que la sagesse du dernier âge concerne davantage ce qu'on est vraiment que ce qu'on a cru être à travers ses rôles et ses masques. Si on n'a vécu que d'apparences, cela peut être un choc terrible. Car l'âge de la sagesse est vraiment le temps du dépouillement en même temps que celui de l'engrangement, de la récolte. C'est parce qu'on a vécu tous ces drames et toutes ces difficultés et qu'on en récolte les leçons pour l'âme, que la vieillesse peut nous ouvrir à une autre perspective.

Si l'on accepte les changements, on voit que l'essentiel en nous ne change pas. Et ce qui ne change pas, c'est le regard de l'âme, qui considère chaque situation avec humour et détachement. C'est ce que nous enseigne la fable suivante:

Il y avait une fois un fermier qui possédait un cheval qu'il aimait beaucoup. Un jour, son cheval s'enfuit, alors le voisin vint voir le fermier pour lui offrir sa sympathie. «Votre perte me fait de la peine», dit-il, en voulant se montrer un bon ami. «On ne sait jamais», répondit le fermier. Le jour suivant, le cheval revint, amenant avec lui une superbe jument sauvage. Le voisin se présenta pour dire, cette fois-ci: «Quel coup de chance!» Et le fermier répondit: «On ne sait jamais.» Quelques jours plus tard, le fils du fermier tenta de dresser la jument, mais il fut renversé et se brisa la jambe. Bien sûr que le voisin ne tarda pas à dire combien c'était dommage que les choses aient si mal tourné. Et le fermier répondit: «On ne sait jamais.» Plus tard, l'armée des Cosaques arriva au village, cherchant des recrues pour la guerre, et comme le fils du fermier souffrait d'une jambe brisée, on lui permit de rester à la maison. «N'êtes-vous pas un homme fortuné?» s'exclama le voisin. Et vous savez ce que le fermier a répondu?

Un temps pour retrouver l'audace de créer

«Ma mère avait 75 ans lorsque fut construit le téléphérique qui montait à plus de 3 300 m au-dessus de la vallée. Comme aucun de ses amis ne voulait se risquer à monter dans cette machine diabolique, elle me demanda, à ma première visite, de faire l'excursion avec elle. Ce n'était pas plus dangereux qu'un ascenseur, mais assez pour modifier du tout au tout notre perception des choses. Les arbres et les roches nous apparaissaient vus d'en haut, mais d'assez près pour que notre rapport habituel à la terre soit inversé.

«Tandis qu'un peu essoufflés en raison de l'altitude nous escaladions les marches menant au sommet, un touriste, qui avait pris le téléphérique avec nous, observait ma mère. "J'ai voyagé dans le monde entier, nous dit-il, et c'est partout la même chose: les vieux sont bien plus audacieux que les jeunes." "Serait-ce, à votre avis, parce qu'ayant moins de temps à vivre ils risquent moins?" demandai-je. "Pas du tout, dit-il en secouant la tête. C'est parce que, étant déjà plus haut sur la montagne, ils peuvent voir que le risque n'existe pas."

«Aujourd'hui que j'approche de l'âge qu'avait ma mère à l'époque, je comprends mieux ce qu'il voulait dire. La vieillesse est ce moment où notre vie trouve enfin son sens – ou ne le trouve pas. C'est d'ailleurs cette dernière éventualité qui effraie peut-être tant les gens [...].

[...]

«Je trouve que les années de la vieillesse ont une remarquable plénitude; je sais mieux ce que je fais. Cela ne veut pas dire que j'ai tout compris – ce serait trop ennuyeux. Mais quand on a vécu assez longtemps pour avoir été quelqu'un et puis personne, pour avoir été aimé et puis oublié, pour avoir été malade et puis guéri, on a appris à s'abandonner au mouvement au lieu de lui résister [...].

«Les deux plus grandes erreurs que nous puissions commettre au cours de notre existence sont les suivantes:

- refuser de nous engager;
- nous agripper alors qu'il s'agit d'entreprendre autre chose.

[...]

«Une semaine après mon divorce, mon avocat vint me chercher chez moi pour dîner. Mon nouvel appartement était encore vide. Debout devant une fenêtre, regardant vers l'extérieur, cet homme dit doucement: "Je vous envie presque. Chaque matin, vous vous réveillez dans un monde où tout est possible, et si peu de gens ont ce privilège après l'âge de 20 ans." Je retins mon souffle. Repartir à zéro devait me rendre quelques-uns des privilèges de la jeunesse: la liberté, le goût de l'aventure.

«Notre vie ne saurait être satisfaisante que si nous acceptons de la créer, et cela est d'autant plus vrai pour la vieillesse, puisque nous avons alors acquis les instruments et les compétences nécessaires.

[...]

«Les personnes âgées sont particulièrement bien placées pour faire quelque chose que personne d'autre ne peut faire: elles ont assez de recul pour envisager le long terme, pour apprécier les conséquences, pour poser les questions qui font réfléchir. Et elles ont un détachement suffisant pour avoir une vision globale et non plus fragmentaire. Je crois que c'est cela, la sagesse. Les personnes âgées ne sont guère limitées par des intérêts personnels: elles ne seront pas là pour profiter d'éventuels avantages à court terme, et cela leur donne une objectivité incomparable.

[...]

«Arrivés à la vieillesse, on pourra réaliser des choses que l'on ne pouvait même pas imaginer à 25 ans ou même à 50. Cela est vrai pour toute personne âgée qui est à l'écoute d'elle-même. Ce n'est pas une question de génie ou, du moins, il s'agit d'un génie accessible à tous: être présent, réfléchir, être attentif aux petites vérités, ne pas essayer d'être extraordinaire[3].»

> «Profil de l'aîné: un aîné ou une aînée est celui ou celle qui existait avant la pilule, les condoms et la vasectomie. Nous existions avant la télévision, la pénicilline, le stylo à bille, le radar, les lampes fluorescentes, les photocopies, les vitamines et les cartes de crédit. Nous nous sommes mariés d'abord et nous avons vécu ensemble après! C'était avant que les hommes portent des boucles d'oreille.
>
> Nous étions là avant les couches jetables, les bas-culottes, les couvertures électriques, les ordinateurs, la radio FM, les cassettes, la musique électronique, la danse disco et les *face-lifts*. Nous ne connaissions pas les mets congelés, les fours à micro-ondes, le café "instant", les pizzas et les McDonald.
>
> «[...] Quand on pense à quel point le monde a changé et combien d'ajustements il nous a fallu faire, nous pouvons et devons être fiers[4].»

Que ceux qui croient que la vieillesse est improductive et inutile se remettent en mémoire les personnes qui, à un âge avancé, ont manifesté ou manifestent encore une créativité exemplaire, une audace et une ténacité que bien des jeunes n'arriveraient ou n'arriveront pas à émuler. En voici quelques exemples tirés de tous les domaines de l'activité humaine:

- Wladimir Horowitz, pianiste qui a endisqué jusqu'à la fin de sa vie;
- Arthur Rubinstein, pianiste actif à un âge avancé;

- Wanda Landowska, claveciniste qui a remis Bach à la mode;
- Jean XXIII, pape innovateur et révolutionnaire;
- Buckminster Fuller, inventeur du dome géodésique;
- Margaret Mead, anthropologue réputée;
- George Burns, qui a amusé le public jusqu'à l'âge de 100 ans et qui disait ceci du sexe à 90 ans: «C'est comme jouer au billard avec un câble!»;
- Claude Lévi-Strauss, chef de file de l'anthropologie française;
- Pablo Picasso, qui se disait «le plus jeune des peintres d'aujourd'hui»;
- Auguste Renoir, qui a peint malgré ses doigts perclus par l'arthrite;
- Claude Monet, qui a terminé son œuvre par d'immenses fresques, *Les Nymphéas*;
- Marguerite Yourcenar, romancière et académicienne;
- Marc Chagall, le sage peintre des amoureux exaltés;
- Alexandre Soljenitsyne, romancier;
- Charles Trenet, poète qui a chanté jusqu'à un âge avancé;
- Mahatma Gandhi, chef spirituel de l'Inde;
- Nelson Mandela, libérateur de l'Afrique du Sud;
- Martin Buber, sage et savant de la tradition juive;
- Ben Gourion et Golda Meir, chefs d'État d'Israël;
- Shunryu Suzuki, maître zen;

- Charlie Chaplin, cinéaste, comédien et sage;
- Georgia O'Keefe, artiste des fleurs et des déserts;
- Duke Ellington, figure de proue du jazz;
- Oscar Peterson, pianiste de jazz vénéré;
- Robert Frost, poète américain qui, à 88 ans, disait: «J'ai écrit à 25 ans des choses dont je savais que je ne les surpasserais jamais au cours de ma vie. Mais j'écris aujourd'hui des poèmes que je n'aurais pas même pu imaginer à 25 ou même à 50 ans[5].»

Un temps pour se permettre de faire des erreurs, d'expérimenter et d'improviser

Il est enfin arrivé le vrai congé où l'on peut expérimenter et inventer à sa guise sans avoir à se soucier (autant) des règles de bienséance, des obligations et des tabous! Les conventions qui régissent les concepts du bien et du mal commencent à prendre le bord. Nous acceptons de nous tromper. C'est, après tout, quelque chose que nous connaissons très bien puisque toute notre vie nous avons appris en grande partie à travers nos erreurs. La différence, c'est que maintenant il n'y a plus de patron ou de matrone pour nous ramener à l'ordre et nous humilier devant les coéquipiers. C'est nous qui déterminons désormais les règles du jeu et la valeur de nos actes.

C'est tout d'abord vis-à-vis des actes passés que l'on commence à exercer sa liberté de jugement, en mettant les accents aux bons endroits. Car les critères changent dès qu'on est sorti de ses rôles anciens et qu'on voit les choses de plus loin, d'un regard plus juste et plus embrassant – comme la ville qui nous apparaît dans sa vraie dimension à mesure que le bateau s'éloigne. C'est alors que le sens de sa vie dans son ensemble apparaît – le sens de ses épreuves, de ses crises, de ses échecs, de ses faux pas, de ses véritables réussites. C'est alors aussi qu'apparaissent les leçons principales qu'on était venu cueillir en traversant cette vie.

En effet, il faut avoir été complètement pris dans les drames de la vie pour en apprendre les leçons et c'est seulement en vivant complètement engagés dans le tourbillon du monde que l'âme peut cueillir les données qu'il lui faut pour apprendre. En vieillissant, on peut agir avec audace, s'exprimer avec plus d'aplomb, suivre davantage ses intuitions et connaître une plus grande clarté de vision. Mais on peut également décider de ne pas agir, de se tenir en silence en regardant la lune qui se lève ou le papillon qui se pose.

Il nous est permis désormais d'être excentriques, d'être un peu fous. C'est avec cette désinvolture que, dans son poème intitulé Avertissement, *Jenny Joseph entend vivre sa vieillesse:*

Quand je serai une vieille femme, je vais m'habiller de pourpre
Avec un chapeau rouge incompatible
Et qui ne me convient pas.
Je dépenserai ma pension sur du brandy,
Des gants d'été et des sandales de satin,
Et je dirai «Nous n'avons pas d'argent pour le beurre.»

Je pourrai m'asseoir sur le trottoir quand je serai fatiguée.
Je consommerai des échantillons dans les magasins,
Et je déclencherai les sonneries d'alarme,
Et ferai courir mon bâton sur les grilles des résidences,
Pour compenser le sérieux de ma jeunesse.
Je sortirai en pantoufles dans la pluie,

Et je cueillerai les fleurs dans le jardin des autres,
J'apprendrai aussi à cracher.

On peut porter des chemises affreuses
Et prendre du poids,
Manger trois kilos de saucisses d'un coup,
Ou seulement du pain et des cornichons pendant une semaine,
Et stocker stylos, crayons et sous-verres,
Et toutes sortes de choses dans des boîtes.

Mais aujourd'hui, il faut nous habiller pour rester au sec,
Régler le loyer,
Ne pas jurer dans la rue,
Et servir de bon exemple aux enfants.
Il nous faut recevoir des amis à dîner
Et lire les journaux.
Mais peut-être que je devrais me pratiquer un peu maintenant
De sorte que ceux qui me connaissent ne soient pas trop choqués ou surpris
Quand soudain je serai vieille et que je commencerai à m'habiller de pourpre[6].

Jean Nohain avait confié à son grand ami Fernand Raynaud ce qui suit: «J'ai eu l'occasion de bavarder l'autre jour avec un centenaire. Et il m'a dit ceci: "Ne croyez surtout pas, comme le font beaucoup de gens, que l'on cesse de rire quand on devient vieux. En revanche, ce qui est vrai, c'est qu'on devient vieux quand on cesse de rire."»

Un temps pour s'intérioriser, pour revoir sa vie et cueillir la récolte

Rentrer en soi-même semble faire partie du processus de vieillissement. Il ne s'agit pas d'un repli morbide sur soi, d'une peur de la vie ou d'un refus du monde à la manière d'un moine, mais d'une sorte d'approfondissement. C'est peut-être l'approche de la mort qui nous amène à réfléchir sur ce qu'est la vie. On peut alors se poser des questions capitales: «Qu'est-ce que je fais ici? Que vaut la vie que j'ai menée? Quel est le sens de tout cela? Pourquoi ai-je vécu?»

Comme le dit une résidante de centre d'hébergement: «La perte de ma force physique me rend inactive et souvent silencieuse. On m'appelle sénile, mais la sénilité, c'est une façade qui permet d'accepter la non-conformité. Des possibilités nouvelles de compréhension semblent émerger. Plus qu'à tout autre moment de ma vie, je semble être consciente des beautés de notre planète tournoyante et du ciel qui nous surplombe. Le vieil âge aiguise ma conscience.» Ce qui peut apparaître comme une perte s'avère être une occasion de transformation, un changement de perspective. Sous les coups du sculpteur, le marbre laisse apparaître malgré lui la beauté cachée en perdant tout ce qui était de trop et d'inutile. Sur terre, nous sommes et demeurons toujours en apprentissage, en formation.

Un temps pour être bien avec soi tout en étant seul*

La solitude: côté ombre

Une des plus importantes étapes de formation se trouve justement dans les moments que l'on passe seul. «Le moment où on est seul,

---

* Certaines idées de cette section sont inspirées de la *Revue Notre-Dame*, n° 1, février 1994, p. 1-11, 16-28.

dit Ram Dass, favorise l'âme. Il est nécessaire pour goûter la tranquillité et apprendre à se connaître[7].»

Mais être seul (l'isolement) n'est pas la même chose que se sentir seul (la solitude):

- *Être seul* – se sentir bien avec soi – est un état de bonheur autonome, un espace de complète liberté;

- *Se sentir seul* – être mal d'être avec soi – est un moment de solitude vécu comme une misère, comme un obstacle au bonheur. Souffrir d'être seul, c'est le côté négatif de la solitude. Mais se sentir seul ne dépend pas de l'isolement, puisqu'on peut se sentir très seul au milieu d'une foule.

Ce ne serait donc pas l'isolement comme tel qui ferait souffrir, s'il est accepté et si on en comprend les possibilités, mais la solitude où on s'ennuie, qui est une forme d'autopitié, de résistance à ce qui est. L'isolement appartient ainsi à l'ordre physique, je dirais même géographique (on est dans un endroit éloigné des autres), alors que la solitude serait psychologique et émotive. De plus, l'isolement ne dépend pas nécessairement d'un choix, alors que la solitude comme ennui est attribuable à un refus de ce que l'on vit.

Il y a plusieurs causes qui font que l'isolement devient une solitude souffrante. En voici quelques-unes.

- *L'urbanisation croissante*

La société est de plus en plus éclatée, morcelée, et les grandes familles, divisées en groupuscules, ce qui rend les liens entre générations de plus en plus ténus, de moins en moins présents. Les gens âgés sont ainsi coupés de leurs racines et isolés dans des centres d'hébergement impersonnels.

Comme c'est la société qui assume le rôle joué naguère par les membres de la famille – s'occuper de ses parents âgés –, elle n'a cure de maintenir leurs relations avec l'extérieur, surtout avec les lieux familiers et les personnes aimées. On enferme les aînés dans des lieux munis à la fois de tout le confort matériel et cependant dépourvus de tout réconfort affectif. Ils ne sont plus touchés, caressés ni embrassés.

- *La démission de la famille*

Du reste, comme les membres de la famille n'acceptent pas de prendre soin de leurs vieux parents, ils le leur font savoir indirectement, par la bande pour ainsi dire, en ne leur révélant pas la vérité. Ce non-dit est également pratiqué à l'égard des mourants. Et la vérité qui est tue, c'est que la famille trouve les parents encombrants, même assommants, et qu'elle est contente de pouvoir les camper quelque part.

Bien des personnes âgées retirent plus de satisfaction de leurs contacts avec les gens qu'ils rencontrent au dépanneur, au centre commercial, au restaurant du coin ou au parc du quartier, que de leur rapport avec cette famille qui a perdu l'affection spontanée et le civisme élémentaire auxquels auraient droit «les vieux». En effet, le civisme semble de plus en plus absent chez la jeune génération; souvent même, la politesse élémentaire leur échappe.

- *Les liens naturels remplacés par la technologie*

Par la technologie, on tente de réparer l'inévitable en multipliant à la radio les lignes ouvertes, les conseils et les groupes de discussion pour réconforter les gens âgés. On leur offre même des programmes de musique nostalgique. Ces émissions veulent répondre à l'isolement des gens, mais peuvent-elles vraiment aider? En effet, si les gens du troisième âge refusent leur état, la radio et la télé deviendront pour eux de simples mamelles de réconfort. Car on ne peut déléguer la prise en main de soi-même, sans créer encore plus de dépendance et d'autopitié.

- *Le refus de se prendre en main*

Il faut, hélas!, en arriver à reconnaître qu'une majorité de gens (âgés ou non) ne veulent pas se prendre en main et assumer l'isolement dans lequel ils se trouvent. Ils essaient plutôt de le fuir, de ne pas le regarder en face, de le gommer par la drogue, la suractivité, les sorties continuelles, la promiscuité.

Même si l'isolement ne signifie pas nécessairement que l'on s'ennuie, il reste qu'on ne peut aider quelqu'un qui ne veut pas s'aider ou qui persiste à vouloir dépendre de quelqu'un d'autre ou d'un groupe.

Aussi, mes écrits s'adressent-ils avant tout à ceux qui cherchent à devenir autonomes de cœur et d'esprit (même s'ils ne le sont pas physiquement) et qui ont décidé de tirer le plus grand profit de leur état, au lieu de se plaindre et d'en vouloir à la vie. Je fais appel à la grandeur d'âme au fond de chacun de nous, non au besoin de quêter affection, soutien et soins maternants.

La solitude: côté lumière

Comme nous l'avons vu, ce n'est pas parce qu'on vit seul qu'on doit souffrir de solitude: tout dépend du fait qu'on accepte ou qu'on refuse de vivre seul. Lorsqu'on accepte ou même qu'on choisit de vivre seul, la vie peut en être grandement enrichie. Cela permet de prendre du recul, de se connaître mieux, de pouvoir choisir davantage ses relations et ses activités.

De toute façon, il faut savoir vivre seul de temps à autre, si l'on veut pouvoir entrer en relation profonde et libre avec quelqu'un.

Les temps où l'on vit seul permettent d'être ensuite uni à une autre personne sans lui être soumis, sans tomber dans la possession mutuelle. Dans toute relation amoureuse, c'est l'autonomie de chacun qui seule permet que l'union mène vers la croissance des deux partenaires.

Accepter une situation difficile comme peut l'être l'isolement, c'est faire le deuil d'un partenaire possible, c'est reconnaître la réalité du moment. C'est la seule attitude qui nous apaise et nous ouvre le cœur. Nous ne pouvons être heureux d'être privés d'une compagne ou d'un compagnon, à moins de vivre dans le présent et de faire confiance à la vie, qui sait nous donner ce qu'il nous faut au moment qu'elle choisit. Mais c'est aussi la vie qui nous prive au moment où nous voudrions qu'elle réponde à nos désirs. La tentation alors, c'est de crier à l'injustice, à l'absurdité de la vie, une attitude qui ne fait qu'envenimer la situation.

Le fait d'être seul, de vivre dans un corps séparé des autres corps et d'être commis à un destin unique, est enraciné dans notre nature. L'isolement fait donc naturellement partie de la vie.

En effet, c'est dans les moments d'isolement que l'on peut reconnaître le fait suivant. Chaque vécu est incommunicable, secret et silencieux: aucune parole, même un discours continuel sur ses impressions et ses expériences, ne saurait transmettre ce qui a été vécu. Parallèlement, on ne peut saisir ce que l'autre a réellement expérimenté, malgré tout ce qu'il nous en dit: la parole devient ici plus un barrage qu'un canal. Même le langage corporel – le regard, le sourire, le jeu des mains, la respiration – en disent plus long que les discours. Et ceux qui écrivent leur journal n'y confient que ce qui peut être mis en pensées: ce qui est insaisissable et indicible en eux ne peut «passer la rampe». Il y a un «je ne sais pas» qui demeure. C'est là que prend racine la solitude créatrice.

Ce silence intérieur, cette communion secrète et muette avec la source en nous, est ce qui nous permet d'être fidèles à nous-mêmes et d'entendre les suggestions de l'âme. Au contraire, une communication continuelle avec tout le monde empêche cette communion avec soi, et remplace ce silence créateur par un bruit vide.

La personne qui vit seule doit donc apprendre à s'accepter et à s'apprécier elle-même, de sorte qu'elle ne dépende plus de quelqu'un d'autre pour se sentir valorisée. Elle doit être bien avec elle-même et trouver dans la vie quotidienne la richesse des rebondissements et des improvisations. Elle doit ainsi s'aboucher directement à la source.

Tant mieux si la vie nous donne quelqu'un pour nous accompagner et nous écouter. Mais si nous attendons cela comme notre planche de salut, nous nous enfermons dans une prison de souffrance et d'autopitié. Ce serait vraiment manquer de vision et de confiance en la vie. Car si la vie ne nous donne pas quelqu'un pour combler notre ennui, en revanche, elle nous fournit autre chose à travers la solitude acceptée: une ouverture plus grande à la vie, un accroissement de liberté et d'inventivité, la permission d'aller jusqu'au bout de notre destin, sans l'entrave des opinions à la mode, sans la soumission aux pouvoirs ou aux autorités.

Un temps pour vivre dans le calme plutôt que dans la passion

On sait que l'excitation sexuelle est sept fois moins rapide à 60 ans qu'à 20 ans. En revanche, on sait que la vieillesse n'empêche pas de mener une vie sexuelle active et que la pratique sexuelle est même favorable à la santé, peut-être même à une prolongation de la vie. Mais ce n'est pas parce que c'est possible ou bienfaisant pour certains que c'est une obligation pour tous. Et ce n'est pas parce qu'on est entré dans l'ère du viagra que l'on doive se sentir déclassé, diminué ou «fini» en voyant les pulsions sexuelles et la passion faire place à l'amitié amoureuse ou simplement à la tendresse.

Peut-être faudrait-il voir cela comme un autre deuil à effectuer. De toute façon, il est certain que le corps change constamment et qu'il a toujours changé: on est né sans attrait sexuel, puis un jour celui-ci s'est éveillé, pour atteindre ensuite son apogée et se mettre à décliner lentement, à l'instar de l'énergie corporelle. Cette courbe est celle de la vie – un élan suivi d'une chute. Mais on ne parle ici que du corps, de la seule énergie physique, qui, comme celle du moteur de l'auto ou de l'ampoule électrique, dispose de tant d'heures de fonctionnement avant d'être brûlée. C'est ce qui s'appelle la loi d'entropie, qui régit tous les corps matériels.

Pendant l'enfance, nous avons joué avec des poupées, des trains et des gadgets électroniques, qui ont ensuite fait place aux amours et aux peines adolescentes, pour aboutir à des passions plus engageantes, plus exigeantes. Ainsi, la vie naît dans la simplicité, devient de plus en plus complexe et retourne vers une simplification des tâches, des intérêts et des fonctions.

Nous pouvons, bien sûr, résister à chaque tournant et en souffrir, mais il y a au fond de nous un germe de sagesse qui nous dit que le deuil est un instrument de croissance, une occasion de mieux comprendre où va la vie, une façon d'apprendre à nous connaître et de prendre nos distances par rapport aux événements, aux idées, aux croyances. À mesure que le corps perd ses élans, la conscience profonde en nous s'éveille progressivement, pour devenir finalement la nouvelle énergie qui éclaire notre route.

L'énergie que l'on dépensait dans la passion sexuelle se changerait donc en une énergie plus intériorisée, plus calme et plus longanime. L'être, moins porté sur l'extérieur, rentre en lui-même. C'est, comme le rappelle le vers de Victor Hugo, la flamme du jeune qui devient la lumière du vieillard. Nous pouvons davantage trouver du plaisir aux choses les plus simples: regarder, écouter, converser, marcher, faire du vélo, lire, réfléchir, laisser la vie nous porter, lui faire confiance, retrouver la spontanéité et la confiance de l'enfant. Tout en demeurant actifs – ce qui est une nécessité absolue –, nous sommes attirés vers des plages de silence et des plongées vers la source.

La vieillesse peut être l'occasion de récupérer son esprit d'enfance – la curiosité, l'émerveillement, l'intensité du présent, l'absorption dans ce qu'on fait (pour aucun autre but que le plaisir), le sentiment de gratitude et de joie. C'est peut-être pour cela que les grands-parents se sentent naturellement accordés aux enfants et à tous les petits êtres du monde. C'est comme s'il y avait une parenthèse entre enfance et vieillesse, un laps de temps où on perd conscience de qui l'on est, pour renouer enfin avec sa vraie nature. L'âge avancé permet ces retrouvailles, ce raccordement, cette rencontre guérisseuse entre le commencement et la fin. C'est lui qui noue en une gerbe lumineuse les brins éparpillés d'une vie.

Un temps pour reconnaître qu'on ne sait pas

Comme la jeunesse est caractérisée par «je sais et je peux», l'âge mûr commence lorsqu'on reconnaît que «je ne sais pas». La vieillesse permet de dépasser les prétentions de l'intellect pour découvrir que derrière nos certitudes, il y a une béance qui demeure

– un vide impossible à combler. C'est le «je ne sais pas» du Tao et du Bouddha. Ce qui ne sait pas ici, c'est la tête gonflée de concepts, d'informations et de preuves. Elle ne sait pas ce qui se passe au fond de l'être, de la matière, de la vie et du temps. Elle ne sait pas justement parce qu'elle ne reconnaît pas ce qui est au-delà des apparences et des analyses. Elle croit que rien n'est pour elle inconnaissable par ses instruments actuels ou futurs – une prétention qui règne en maître sur notre culture. Ce «je sais tout» empêche l'esprit d'émerveillement, de gratitude et d'humilité. Il empêche de découvrir le monde invisible, intangible et inexprimable.

Ce qui sait mais qui ne dit mot, c'est la sagesse silencieuse en nous – l'âme. Elle ne dit mot parce qu'il n'y a ici rien à dire et rien pour le dire. «La vie intérieure des personnes âgées est inexprimable en paroles», note Ram Dass. En effet, le vécu ne se dit pas et plus il englobe de réalités profondes, moins la parole y a accès, c'est la part submergée de l'iceberg. Il reste l'écoute dans le silence.

«Morrie Schwartz, mourant de la maladie de Lou Gehrig, transmettait ainsi ses derniers enseignements à son élève:

— Ce que je fais maintenant, dit-il, les yeux fermés, c'est me détacher de l'expérience.

— Te détacher? lui demandai-je.

— Oui, me détacher... Ne pas s'agripper aux choses, puisqu'elles sont toutes impermanentes.

— Mais attendez, dis-je. Ne parlez-vous pas toujours d'expérimenter la vie – les bonnes et les mauvaises émotions? Comment peux-tu faire cela si tu es détaché?

— Se détacher ne veut pas dire qu'on ne laisse pas l'expérience nous pénétrer. Au contraire, on la laisse venir totalement, c'est ainsi que vous pouvez l'abandonner.

Je ne voyais pas.

— Prenez une émotion – l'amour d'une femme, la peine devant un décès, ou ce que je traverse, la peur et la douleur au milieu d'une maladie mortelle. Si on retient l'émotion au lieu d'y aller à fond, on ne peut jamais se détacher, on est trop occupé à avoir peur. On a peur de la douleur, de la peine, de la vulnérabilité que l'amour entraîne. Mais en plongeant dans ces émotions, tête première, on les expérimente pleinement. Vous savez alors ce qu'est la douleur, vous savez ce qu'est l'amour, ce qu'est la peine. Vous pouvez dire: "Oui, je reconnais cette émotion, je l'ai déjà vécue et maintenant je suis libre de m'en détacher. On ne parle pas de la mort seulement, car lorsqu'on apprend à mourir, on apprend à vivre.'[8]»

Un temps pour épouser le regard de l'âme

Il ne faudrait cependant pas croire que la sagesse vient naturellement avec l'avancement de l'âge. On ne devient pas sage comme on devient vieux: si la vieillesse est inévitable, la sagesse peut très bien être évitée, et elle l'est malheureusement trop souvent.

Que faudrait-il donc faire pour éviter de se racornir, de perdre la jeunesse du cœur, le goût de vivre, la créativité et la capacité d'improviser? Il n'existe pas de recette pour cela, pas plus que pour vivre sa vie ou pour aimer: c'est à chacun d'apprendre ses leçons et personne ne peut vivre à sa place, comme personne ne peut lui apprendre de l'extérieur ses leçons comme on enseignerait à se servir d'un ordi. Tous ceux qui sont autonomes de corps et d'esprit peuvent trouver leur chemin et suivre la formation qu'est la vie: ils ont ce qu'il faut de sagesse semée en eux et c'est à eux d'y puiser l'éclairage qu'il leur faut à travers les épreuves de la vie.

C'est là le trajet de l'âme: à travers les échecs, les déceptions et les traumatismes, elle apprend à distinguer entre l'essentiel et le secondaire. Elle découvre son vrai visage à travers et derrière les masques, les rôles et les illusions qu'elle a volontairement épousés en s'incarnant. Elle apprend que sur terre, l'essentiel c'est d'épouser le mouvement de la vie, de ne pas résister à son mouvement, sans non plus vouloir nager plus vite que le courant.

Notes

1. *In* Jack Kornfield, *After the Ecstasy, the Laundry*, New York, Bantam Books, 2000, p. 184.
2. *Id.*
3. Michael Drury, «Le deuxième versant de la vie», *in Counter-clockwise: Reflections of a Maverick*, New York, Walker & Co.
4. Lyse Payne, cité par Franco Nuovo, «Les aînés», *Journal de Montréal.*
5. Michael Drury, *op. cit.*
6. *In* Ram Dass, *Still Here*, New York, Penguin Putnam, 2000, p. 106-107.
7. *Id.*, p. 43
8. *In* Jack Kornfield, *op. cit.*, p. 204.

Chapitre 15

VIEILLIR: LA PERSPECTIVE DE L’ÂME

Voir qu'on n'est pas limité au corps

Ceux qui ne croient à rien d'autre qu'à la vie du corps et aux plaisirs, aux possessions et aux pouvoirs du monde physique ne veulent pas entendre parler de vieillissement, de maladie ou de mort. À cause de cette fermeture fondée sur un préjugé, ils ne comprennent pas bien le sens de leur vie, du fait qu'ils se privent de ses éclairages essentiels.

Ram Dass raconte qu'un jour, à la fin des années 1960, il était invité à parler dans un hôtel du New Hampshire – un de ces établissements d'été très anciens et sophistiqués appartenant à des Juifs. «Selon la mode du jour, les dames étaient lourdement coiffées et maquillées, avec paupières bleues et mascara noir et portant des costumes de bain à demi transparents. Étendus sur leurs chaises longues, les hommes, satisfaits et corpulents, lançaient des bouffées de fumée de leurs cigares démesurés. Je me souviens de leur avoir dit: "Eh bien, vous avez vraiment réussi, hein? Regardez où vous avez abouti: vous êtes dans un des meilleurs hôtels du pays. Le parking est plein de Cadillac et même il contient quelques Rolls-Royce. Vos enfants étudient dans des écoles privées, vous avez plein d'argent en banque, plusieurs d'entre vous possédez deux maisons et vous jouissez de tous les conforts physiques que l'on pourrait désirer." L'auditoire était tout sourires, rayonnant et satisfait de lui-même. Ensuite, j'ai dit simplement: "Est-ce assez?" Il y eut un silence. En s'identifiant si fortement à leurs corps et à leurs possessions, ces gens étaient parvenus à croire qu'ils *étaient* ces possessions et ces assurances, et dans un seul instant, ils s'aperçurent combien de souffrance avait été créée par cette croyance. Le succès mondain n'avait pas livré les bienfaits promis – la paix, la sérénité, le bonheur intérieur. Plusieurs d'entre eux ont même fini par reconnaître qu'ils s'étaient fait avoir. Ils avaient gagné, disaient-ils, et pourtant ils se sentaient perdants[1].»

Nous nous cramponnons à ce qui nous donne du pouvoir, de la certitude, de la sécurité. Nous nous cramponnons au point de ne plus voir que nous sommes engloutis par nos possessions. *Nous nous accrochons à un bateau qui coule.*

«À mesure que nous vieillissons, les preuves tangibles du pouvoir – l'argent, les actions à la Bourse, notre corps séduisant, notre autorité, notre contrôle du destin – commencent à se défaire et à nous échapper. Nous nous rendons compte à quel point nous sommes piégés et nous voyons clairement la futilité de notre course aux assurances.

«Les gens âgés qui jouissent d'une grande fortune et d'un grand pouvoir ont habituellement très peur de perdre ce qu'ils ont. Plus ils s'agrippent, plus ils souffrent. L'attachement au pouvoir est inséparable de la peur de perdre ce pouvoir. C'est de là que vient justement la souffrance[2].»

Reconnaître que l'au-delà existe

Le fait de croire qu'il n'y a rien qui puisse exister au-delà de ce que nous voyons, goûtons, touchons, entendons ou expérimentons peut avoir des conséquences très étendues et profondes. Une telle vision matérialiste ne peut donner de sens valable aux cycles de nos vies, depuis la naissance jusqu'à la maturité, surtout jusqu'au vieillissement et à la mort. Pour ceux qui ne voient la vie qu'à travers les sens, la mort est la fin évidente, une fin absurde à une vie absurde: au-delà de l'arrêt du cœur, il n'y a rien. Chaque être vivant n'est qu'une masse de cellules qui se décomposent et n'ont d'autre sens ou d'autre valeur que cela. Il n'est donc pas étonnant que notre culture comprenne si mal ou si peu les événements clés du vieillissement et de la mort. Elle ne peut qu'entretenir au sujet de ces derniers événements une peur chronique qui se cache derrière la frénésie avec laquelle nous accumulons biens et assurances, pour nous barricader contre toute menace d'un déclin.

L'aversion ressentie à la vue de notre peau qui prend des rides, de nos muscles qui se ramollissent, de nos corps qui nous trahissent viennent du petit moi frileux qui refuse tout ce qui lui rappelle la mort – c'est-à-dire la sienne.

Et pourtant, ce sont justement ces événements charnières qui pourraient ouvrir les yeux aveuglés par les apparences. Ce ne sont pas des portes fermées mais des portes battantes ouvrant sur une autre perspective. L'âme seule peut donner sens à tout cela, parce qu'elle seule voit les choses dans leur ensemble, à partir de leur source – en dehors du temps.

Se poser les vraies questions

Chacun de nous est appelé à trouver un moment de sa vie où se poser les questions essentielles. Qui suis-je? Où vais-je? Quel est le sens de tout cela? Le regard de l'âme est ce qui permet de voir en face la réalité telle qu'elle est. C'est cette perspective qui donne la capacité d'accepter le dépérissement de ses forces et de ses charmes, en reconnaissant dans tout ce qui nous arrive des leçons de croissance, des étapes d'apprentissage, plutôt que des tragédies inacceptables et incompréhensibles.

Ce regard vient de la source en nous, d'où nous viennent la vie et l'intelligence. Il considère le corps comme un instrument et les rôles de la vie comme des prétextes pour se former. L'âme en nous est acceptation de ce qui est. Elle détient la clé de l'aventure terrestre. Avant de s'incarner, elle a déjà accepté le corps et les rôles qu'il jouera. Elle sait que tout ce qui naît doit mourir et elle le sait justement parce qu'elle ne naît pas et ne meurt pas. Elle voit pour ainsi dire d'un point de vue éternel, hors du temps et de l'espace, en même temps qu'elle est complètement plongée dans le tourbillon de l'existence, dans un corps mortel, limité dans ses forces et dans ses capacités.

L'âme est ce qu'il y a de plus important dans notre vie. Pourtant, son importance n'apparaît pas au début. Même son existence est complètement voilée à la naissance – on ne sait même pas qu'on est en vie – et elle demeure ignorée pendant longtemps, cachée sous des feuilletés d'habitudes, d'attaches, de pouvoirs et de soucis.

Mais comment alors fait-on pour y accéder? C'est une question de maturité. Or, la maturité ne se commande pas, elle ne se transmet pas (comme on remettrait à quelqu'un les clés d'un appartement) ni ne s'explique. Il y faut l'expérience de la vie et une capacité d'y découvrir les leçons que les épreuves nous cachent.

Comprendre ce qu'est l'âme

Cependant, on peut se faire une idée plus claire de ce qu'est l'âme. C'est en regardant le décès du corps qu'on peut mieux la comprendre. Si vous avez déjà vu un corps mort ou, encore mieux, si vous avez assisté au décès de quelqu'un que vous connaissiez, peut-être êtes-vous parti avec des questions insolubles et même alarmantes.

Peut-être vous êtes-vous demandé ce qui faisait que le corps était changé, différent, qu'il n'était plus la personne que vous aviez connue.

Le corps était toujours là, encore chaud, et pourtant, il semblait n'avoir guère d'intérêt ou de valeur. Ce qui l'animait – ce qui faisait que c'était auparavant une personne vivante et attachante – avait disparu. Ce qui avait ainsi disparu n'était pas quelque chose de visible ni de tangible; cela apparaissait comme une chose plus importante et plus déterminante que le corps qui, lui, était demeuré pourtant visible et palpable.

Ce que l'on a aimé de cette personne vivante il y a un instant, ce n'est pas seulement ou tout d'abord le corps, devenu maintenant inerte – le véhicule abandonné, la chrysalide vide –, c'est son âme, sa lumière, sa vivacité, son humour, son amabilité. Cette chose n'est plus là où se trouve le corps. Ce n'est pas que celui-ci n'ait pas été aimé de son vivant, mais c'est ce qui était plus que le corps que l'on aimait en réalité. Et lorsque cela se perd, le corps semble avoir tout perdu.

Ce que l'on aimait en fait dans le corps, c'est ce qui révélait l'âme, c'est cette lumière qui transparaissait à travers l'abat-jour du corps. En effet, c'est par l'âme qu'on apprend qu'on est plus que le corps. Cette compréhension nous permet d'être libres à l'égard du corps, de ne plus être ni contre lui ni identifié à lui. Il s'agit pour nous de nous laisser guider par l'âme, d'en épouser la perspective. Ce sont les «fritures» – objets extérieurs, appât du gain, fascination médiatique et technologique – qui étouffent la voix de l'âme. Car elle ne peut entendre que dans le silence du mental et dans la détente du corps.

Pour entendre l'âme, il faut ralentir son rythme de vie, son activité, sa chasse aux proies. Il faut pouvoir s'arrêter.

Notes

1. Ram Dass, *Still Here*, New York, Penguin Putnam, 2000, p. 25-26; l'italique est de moi.
2. *Id.*, p. 97.

CONCLUSION

Le secret de la sérénité, ce n'est pas qu'il faille vieillir pour l'atteindre. Son secret consiste plutôt à voir toutes choses du point de vue de l'âme. Théoriquement, cela peut se faire même si l'on n'est pas avancé en âge. Mais habituellement, il faut avoir vécu, beaucoup vécu. Il faut aussi avoir bien réfléchi sur ce vécu pour en tirer les leçons qui s'y cachent – à la façon de l'abeille qui tire son miel des nombreuses fleurs.

Comme on l'a vu, le mot «sérénité» vient du latin *serenus*. Il comprend trois aspects: la clarté, la tranquillité et la joie.

Lorsqu'il y a de la sérénité en nous, c'est le signe que l'âme a pris sa place. Car, dans sa nature, elle est une lumière sereine qui rayonne. Elle est

- la clarté qui fait voir au-delà des apparences et des rôles;
- la tranquillité qui vient de l'évidence que tout est une leçon à apprendre, que nous avons choisi notre propre destin et que nous sommes complètement responsables de cette vie;
- la joie de savoir que tout est bien et que la vie est en notre faveur.

Même si l'on est beau, riche et estimé, on ne peut être heureux sans la sérénité. Et si quelqu'un est serein, peu importe alors qu'il soit jeune ou vieux, vigoureux ou malade, pauvre ou riche: il sera heureux. Car c'est à travers et malgré ces conditions que la sérénité finit par s'éveiller en nous.

À force d'en avoir vu «des vertes et des pas mûres», on finit par reconnaître dans la vie une vieille amie en laquelle on a une confiance totale. On peut alors se détendre et la laisser se dérouler comme elle l'entend: on en connaît les allures et les airs, les surprises et les tours. On peut s'abandonner à ses caprices en sachant que tout est comme cela devait être.

Je peux enfin me reposer dans la conviction profonde que tout ce qui doit arriver arrivera et que rien de ce qui ne doit pas arriver n'arrivera, quelles que soient mes opinions, mes croyances ou mes volontés. Je peux me livrer à la vie, elle ne se trompera pas.

Elle ne me trompera pas.

SOMMAIRE